Jehle   Trainingskurs: Verhaltenstheorie I

Peter Jehle

Trainingskurs: Verhaltenstheorie I

Grundlagen und Anwendung im Unterricht

Pädagogischer Verlag Schwann Düsseldorf

CIP-Kurztitelaufnahme der Deutschen Bibliothek
Jehle, Peter
Trainingskurs Verhaltenstheorie: Grundlagen u.
Anwendung im Unterricht. – Düsseldorf: Pädago-
gischer Verlag Schwann.
1. – 1. Aufl. – 1978
ISBN 3-590-14238-3

© Pädagogischer Verlag Schwann Düsseldorf
1. Auflage 1978
Alle Rechte vorbehalten
Umschlaggestaltung Norbert Gerards
Reprosatz Brigittte Struve Düsseldorf
Druck Lengericher Handelsdruckerei Lengerich
ISBN 3-590-14238-3

Inhalt

Teil I: Theoretische Grundlagen

Vorwort von Volker Krumm 9
Vorwort 13

1. *Einleitung* 17
1.1 Problemstellungen und Lösungsmöglichkeiten 17
1.2 Überblick über das Konzept der Pädagogischen Verhaltensmodifikation 19
1.2.1 Der Begriff der Verhaltensmodifikation 19
1.2.2 Anwendungsbereich und Vorgehen der Verhaltensmodifikation .. 21
1.2.3 Verhaltensmodifikation, Lehrerverhalten und Lehrerausbildung . 23
1.3 Skizzierung der Ziele des Trainingskurses 27
1.4 Übersicht über den Trainingskurs 29
1.5 Lösungsvorschläge 29

2. *Lerntheoretische Grundlagen der Verhaltensmodifikation* 30
2.1 Lerntheoretische Begriffe 30
2.2 Das klassische Konditionieren 36
2.3 Das Operante Konditionieren 46
2.3.1 Grundlagen und Begriff des operanten Konditionierens 46
2.3.2 Diskriminative Reize 55
2.3.3 Die Kontingenz als grundlegende Einheit des operanten Konditionierens 64
Exkurs: Verhaltensbeobachtung 68
2.3.4 Verhaltensketten 69
2.3.5 Die Arten der Verstärker 73
2.3.6 Die Anwendung positiver und negativer Reize: fünf Reiz-Reaktions-Verhältnisse 81
2.3.6.1 Darbietung positiver Reize 82
2.3.6.2 Beseitigung, Vermeidung aversiver Reize – Negative Verstärkung . 84
2.3.6.3 Ausbleiben positiver Reize – Löschung 86
2.3.6.4 Kontingenter Entzug positiver Reize – Strafe 87
2.3.6.5 Darbietung aversiver Reize – Strafe 89
2.3.7 Einige Bedingungen für die Wirksamkeit von Verhaltenskonsequenzen 95
2.3.7.1 Unmittelbare Anwendung der Verhaltenskonsequenzen 96
2.3.7.2 Mangel und Gewöhnung 98

2.3.7.3	Verstärkungspläne	100
2.3.8	Generalisierung, Diskrimination, Differenzierung	105
2.3.8.1	Reizgeneralisierung	106
2.3.8.2	Reizdiskrimination	108
2.3.8.3	Reaktionsgeneralisierung	110
2.3.8.4	Reaktionsdifferenzierung – Shaping	113
2.4	Lernen am Modell (Imitation)	118
2.4.1	Der Begriff des Lernens am Modell	118
2.4.2	Problemsituationen und Effekte des Modellernens	120
2.4.3	Bedingungen des Modellernens	121
2.4.3.1	Teilprozesse des Lernens am Modell	122
2.4.3.2	Äußere Bedingungen des Modellernens	124

Anhang
1. Lehrerverhaltensweisen im Unterricht 127
2. Schülerverhaltensweisen im Unterricht 128
3. Beispiele für Antwortverhalten (respondentes Verhalten) 130
4. Positive Reize für Schüler 131
5. Aversive Reize für Schüler 133
6. Positive Reize für Lehrer 133
7. Aversive Reize für Lehrer 134

Glossar 135

Teil II: Probleme der Anwendung der Verhaltenstheorie

3.	*Grundlegende Überlegungen*	9
3.1	Lerntheorien als Grundlage der Pädagogischen Verhaltensmodifikation	10
3.2	Experimentelle Forschungsmethoden als Grundlage der Verhaltensmodifikation	10
3.3	Der Gegenstand der Verhaltensmodifikation	14
3.4	Bedingungen für die Praktizierung der Verhaltensmodifikation im Unterricht	16
4.	*Die Verfahren der Pädagogischen Verhaltensmofikation*	21
4.1	Die Verfahren als verhaltensändernde Technologien	22
4.2	Übersicht über die Verfahren der Verhaltensmodifikation	23
4.3	Die Verfahren der Verhaltensmodifikation im einzelnen	24
4.3.1	Verfahren zur Reduzierung von Verhalten	24
	Nr. 1: Stimuluskontrolle	24
	Nr. 2: Operante Löschung – Ignorieren	27
	Nr. 3: Kontingenter Entzug positiver Reize – Strafe	29
	Nr. 4: Darbietung aversiver Reize – Strafe	32
	Nr. 5: Aversives, klassisches Konditionieren	32
	Nr. 6: Gegenkonditionieren	33
	Nt. 7: Löschung nach dem klassischen Konditionieren	35
	Nr. 8: Systematische Desensibilisierung	35
	Nr. 9: Sättigung – negative Praxis	38
	Nr. 10: Verhaltensreduzierung durch Lernen am Modell	39

4.3.2	Verfahren zum Aufbau von Verhalten	42
	Nr. 11: Stimuluskontrolle	42
	Nr. 12: Positive Verstärkung	44
	Nr. 13: Negative Verstärkung	48
	Nr. 14: Verhaltensformung – Shaping	49
	Nr. 15: Lernen am Modell	51
4.3.3	Methoden zur Erhaltung von Verhalten	53
4.3.4	Verfahrenskombination und besondere Arrangements	53
5.	*Die funktionale Verhaltensanalyse und die Interventionsplanung in der Verhaltensmodifikation*	57
5.1	Voraussetzungen eines Schemas zur Verhaltensanalyse, Interventionsplanung und Interventionskontrolle	57
5.2	Übersicht über das Schema zur Verhatlensanalyse, Interventionsplanung und -kontrolle	59
5.3	Die Schritte des Analyse- und Planungssystems im einzelnen	61
5.4	Methoden der Datenerhebung und -darstellung	69
6.	*Einwände gegen die Verhaltensmodifikation*	77

Anhang 84
1. Beispiel für Angsthierarchie 84
2. Anweisung zum Entspannungstraining 85
3. Instruktionspapier zum Beobachtungstraining 86
4. Beobachtungsblatt für die Erfassung verbaler Lehrerreaktionen 93
5. Anleitung zur Beachtung von Schüler-Lehrer-Kontingenzen 93
6. Beobachtungsblatt zur Erfassung von Schüler-Lehrer-Kontingenzen 95
7. Hinweise zur Bestimmung von abweichendem Schülerverhalten 95
8. Anleitung zur Analyse von Videoaufzeichnungen aus dem Unterricht oder aus Kleingruppen-Lehrversuchen 96
9. Aufgabensammlung 98

Glossar 105

Literaturverzeichnis 108

Vorwort von Volker Krumm

In einer Untersuchung über ihre Schwierigkeiten in der Berufspraxis wurden junge Lehrer danach gefragt, welchen Stellenwert 18 vorgegebene Lehrangebote im Studium einnehmen sollten. Auf den ersten vier Rangplätzen standen:

1. Verhaltenstraining (praktische Übungen, insbesondere Umgang mit gestörten und „störenden" Schülern)
2. Verhaltensauffälligkeiten, Verhaltensstörungen
3. Ergebnisse der Motivationsforschung und ihre Anwendung
4. Lernstörungen, Lernbehinderungen... (Bergmann u. a. 1977)

Zusammen mit weiteren Befunden aus dieser Untersuchung ergibt sich deutlich: Viele junge Lehrer haben entsprechende Probleme in ihrem Unterricht. Aber dies gilt nicht nur für junge Lehrer, wie etwa eine Untersuchung über „kritische Entscheidungssituationen im Berufsfeld des Lehrers" zeigte. Hier standen bei allen Lehrergruppen „Führungsprobleme" im Vordergrund (Roth / Schellenberg 1971).

Das große Gewicht dieser Probleme für Lehrer weist auf Unzulänglichkeiten der Lehrerausbildung hin: Geisteswissenschaftliche, spekulative, dialektische Methoden, historische, bildungspolitische, normative, philosophische Fragestellungen und das Interesse an „Bildungs- und Heilswissen" nehmen das Hauptgewicht in der Lehrerausbildung ein und drängen praktische Studien zurück. Untersuchungen über Lehrinhalte in der Lehrerausbildung zeigen das (Haft 1973). Dem steht das geradezu vernichtende Urteil von Lehrern aller Schularten über ihre Ausbildung gegenüber (zum Beispiel Albrecht 1973, Frech 1977, Lörcher 1974, Krumm 1969). Es dürfte keine zweite Akademikergruppe geben, die ihrer Ausbildung ebenso häufig das Prädikat „nicht ausreichend" oder „unbrauchbar" verleiht wie die Lehrerschaft.

Die Verhaltenstheorie, über die das vorliegende Buch handelt, dürfte dazu beitragen, aus dieser Situation herauszukommen. Als eine streng erfahrungswissenschaftlich konzipierte und damit empirisch bzw. experimentell überprüfte Theorie ist sie unter verschiedenen Aspekten brauchbar. Sie hilft, Erziehungs- und Unterrichtsprobleme zu lösen, wie sie eingangs genannt wurden, und sie ist damit praxisnah; sie ist relativ einfach, weil sie mit möglichst wenig Schlußfolgerungen auf unbeobachtbare oder unbeobachtete – und deshalb stets strittige – Ereignisse im „Innern der Psyche", in der „Tiefe der Person" auszukommen sucht, und sie ist relativ leicht erlernbar. Im Vergleich zu etlichen anderen Theorien ist sie vor allem deshalb brauchbar, weil sie ihr Augenmerk auf jene Bedingungen der Unterrichtsstörungen konzentriert, die zu verändern der Lehrer sehr oft in der Lage ist und zu deren Veränderung er auch legitimiert ist. Denn sie sucht entscheidende Bedingungen für das Problemverhalten in der gegenwärtigen „Lernumwelt" des Schülers, insbesondere im Klassenzimmer und weniger in der Vergangenheit („Kindheitserlebnisse"), im „Inneren" des Schülers („Antriebsschwäche", „Begabungsmangel") oder in für den Lehrer kaum zu beeinflussenden „gesellschaftlichen Bedingungen".

Das vorliegende Buch will „Lehrern und Lehrerstudenten eine Grundlage vermitteln, die es ihnen erlaubt, selbständig und im Einklang mit den verhaltenstheoretischen Gesetzmäßigkeiten ihre Aufgaben und Probleme im Unterricht anzugehen, sei es die tägliche Unterrichtsarbeit, seien es Lern- oder Disziplinschwierigkeiten der Schüler oder Bedürfnisse von Schülern bzw. Lehrern". Um dieses Ziel zu erreichen, orientiert sich der Aufbau des Buches an verhaltenstheoretischen Prinzipien: Jedem Kapitel ist eine Lehrzielübersicht vorangestellt. Die Lehrtexte sind nach Kriterien der Verständlichkeit und Klarheit abgefaßt und mit vielen Beispielen aus der alltäglichen Erziehungs- und Unterrichtspraxis veranschaulicht. Jedes Kapitel enthält eine Vielzahl praxisnaher Übungsaufgaben und endet mit Aufgaben zur Selbstkontrolle. Die erforderlichen Fachausdrücke werden in einem Glossar am Ende des Buches nochmals zusammengefaßt. Ferner enthält das Buch Vorschläge zur systematischen Beobachtung von auffälligem Schülerverhalten und Anleitungen zur Verhaltensanalyse.

Was den Kurs ganz besonders auszeichnet, ist seine mehrfache Erprobung. Peter Jehle hat jedes Kapitel mit Hilfe einer großen Zahl von Studenten und Referendaren mehrfach evaluiert und immer wieder verbessert. Eine abschließende Evaluation zeigte schließlich, daß mit dem Kurs jene Ziele erreicht werden, die ihm gesetzt sind: Er hilft, mit den eingangs genannten Problemen besser fertig zu werden.

Eigentümlicherweise hat gerade dieser Sachverhalt gelegentlich Kritik herausgefordert. Der Verhaltenstheorie wird Gefährlichkeit vorgeworfen und gelegentlich auch Unangemessenheit bei den „eigentlichen menschlichen Problemen".

Der Vorwurf der Gefährlichkeit, der nämlich, daß die Verhaltensmodifikation zu „Manipulationen", „Unterdrückung", „Dressur" mißbraucht werden kann, ist richtig. Brauchbare Theorien können nun einmal mißbraucht werden; aber dies ist kein Problem der Theorien, sondern eines ihrer Anwendung. Die Anstrengungen sind deshalb nicht auf die Konstruktion und Verbreitung von Theorien zu richten, die nicht mißbraucht werden können, sondern darauf, wie Lehrer ausgebildet werden müssen, damit sie wirkungsvolle Theorien nicht mißbrauchen.

Der Vorwurf der Unangemessenheit und die damit gelegentlich verbundene Forderung nach „humanistischen Theorien" ist ähnlich fragwürdig. In der pädagogischen Praxis sind Theorien vonnöten, die helfen, pädagogische Probleme befriedigend und so zu lösen, daß kurz- und langfristig keine unerwünschten Nebenwirkungen eintreten. Solche Theorien müssen wahr (oder gültig oder richtig) sein. Ob wir wahre Theorien als „human" oder „humanistisch" erleben bzw. bewerten oder nicht, berührt den Wahrheitsgehalt nicht. Von Bedeutung ist wiederum, ob die gültige Theorie für humane Zwecke eingesetzt wird.

Soweit mit Unangemessenheit gemeint ist, daß die Verhaltenstheorie bei bestimmten „spezifisch menschlichen", „komplexen", „kognitiven" . . . Verhaltensproblemen oder Störungen nicht hinreicht, stellt sich die Frage, ob andere Theorien vorhanden sind, mit deren Hilfe Schüler- und Unterrichtsprobleme besser gelöst werden können. Die Literaturübersicht, die Peter Jehle hierzu gibt, und insbesondere Evaluationsstudien stützen diese These nicht (vgl. etwa Rachmann 1974, Levitt 1957, 1963). In der Regel erweist sich die verhaltenstheoretisch orientierte Vorgehensweise als die erfolgreichere.

Das vorliegende Buch führt in die lerntheoretischen Grundlagen und in die Praxis der Verhaltensmodifikation ein und helfe beides einzuüben. Einige Probleme konnten deshalb nur kurz behandelt werden. So werden etwa die Probleme der Selbstkontrolle und bestimmte Probleme des kognitiven Verhaltens nur kurz gestreift. Das ist jedoch unproblematisch, weil auch eine kognitive Verhaltenstheorie auf jenen Prinzipien aufbaut, in die der Kurs einführt (Mahony 1977). Entsprechend hat sich bei der Arbeit mit dem Kurs gezeigt, daß der Text auch als Grundlage gewählt werden kann, wenn jene theoretischen und praktischen Probleme angegangen werden sollen (Krumm 1978).

Mit dem Kurs von Peter Jehle wurden nach seiner Evaluierung weitere Erfahrungen gesammelt. Er war Begleittext zu einer Vorlesung, er war Grundlage für eine Einführungsveranstaltung in die pädagogische Verhaltensmodifikation, und er wurde insbesondere einer größeren Zahl von Lehrern zum Selbststudium angeboten. Die Reaktionen aller Leser stimmen mit den positiven Befunden der früheren Evaluationsuntersuchungen überein. Besonderes Gewicht kommt der Aussage der Praktiker zu: Sie geben an, aus dem Kurs großen Nutzen für ihre Unterrichtspraxis gezogen zu haben (Jehle / Koblitz / Krumm 1978). Das Buch kann also dazu beitragen, daß Lehrer in Zukunft weniger über die Praxisferne ihrer Ausbildung klagen als bisher.

Literatur

Albrecht, Th: Berufsbezogenes Lehrerstudium?, in: Westermanns Pädagogische Beiträge, 1973, S. 226 ff.

Bergmann, Chr., u. a.: Schwierigkeiten junger Lehrer in der Berufspraxis, hrsg. vom Zentrum für Lehrerausbildung der Universität Gießen, 1978

Frech, H.: Berufsvorbereitung und Fachsozialisation von Gymnasiallehrern, MPI Bericht Nr. 34, Berlin 1976

Haft, H.: Zu Inhalten des Curriculums der Fächer der Erziehungswissenschaft an der Pädagogischen Hochschule Nordrhein-Westfalens, Diss. PH Münster, 1973

Jehle, P. / Koblitz, J. / Krumm, V.: Einführung in die Praxis der Verhaltensmodifikation durch kooperatives Training von Studenten und Lehrern – ein Projektbericht, erscheint 1978

Krumm, V.: Das Universitätsstudium im Urteil von Lehrern, in: Wirtschaft und Erziehung, 1969, Heft 1 und 2

Krumm, V.: Ausbildung in pädagogischer Verhaltensmodifikation in der Pädagogenaus- und Fortbildung an der Universität Düsseldorf, in: Verhaltensformung in der Schule – Beitrag zur Theorie und Praxis der pädagogischen Verhaltensmodifikation, Braunschweig 1978

Levitt, E. E.: The Results of Psychotherapy with Children: An Evaluation, in: Journal of Consulting Psychology 21, 1957, 3, 189 – 196

Levitt, E. E.: Psychotherapy with children: a further evaluation, in: Behavior Research and Therapy 1, 1963, 45 – 51

Lörcher, R., u. a.: Berufliche Probleme im Urteil junger Grund- und Hauptschullehrer, Universität Konstanz, Zentrum 1 Bildungsforschung, Sonderforschungsbereich 23, Arbeitsberichte 1974

Mahony, M. J.: Kognitive Verhaltenstherapie, München 1977

Rachman, St.: Die Wirkungen der Psychotherapie, Darmstadt 1974

Roth, P. / Schellhammer, E.: Kritische Entscheidungssituationen im Berufsfeld des Lehrers, Arbeitspapier und Bericht Nr. 8 der pädagogischen Institute der Universitäten Zürich und Freiburg 1971 (Auslieferung durch den Beltz-Verlag)

Vorwort

Mit diesem Kurs wird versucht, grundlegende Prinzipien und Verfahren des Lehrens zu vermitteln. Die theoretische Basis stellt die Verhaltenstheorie dar, die aufgrund einer langen und gründlichen Prüfung mit vielversprechenden Ergebnissen eine hinreichende Absicherung für das zu vermittelnde Lehrkonzept gibt. Dieses Lehrkonzept wird als *Pädagogische Verhaltensmodifikation* bezeichnet.
Der Kurs ist als Einführung gedacht und soll auch Gelegenheit für die praktische Anwendung der vorgestellten Prinzipien und Verfahren bieten. Die wichtigste Absicht des Kurses ist es, Lehrern und Lehrerstudenten eine Grundlage zu vermitteln, die es ihnen erlaubt, selbständig und im Einklang mit den verhaltenstheoretischen Gesetzmäßigkeiten ihre Aufgaben und Probleme im Unterricht anzugehen, sei es die tägliche Unterrichtsarbeit, seien es Lern- oder Disziplinschwierigkeiten der Schüler oder Bedürfnisse von Schülern bzw. Lehrern.
Dabei wurde versucht, bei der Erstellung des Studienmaterials einige der zu vermittelnden Prinzipien und Verfahren einzusetzen und gleichzeitig ihre Anwendbarkeit aufzuzeigen.
Der Kurs wurde in zwei inhaltliche Teile gegliedert, denen auch die beiden Bände I und II entsprechen. Im Teil I werden die lerntheoretischen Grundlagen vermittelt, im Teil II erfolgen Ausführungen zur Verhaltensanalyse und Interventionsplanung, eine Übersicht über die Verfahren der Pädagogischen Verhaltensmodifikation und über einige Fragen der Verfahrensanwendung.
Im einzelnen besteht das Material aus folgenden Elementen:

1. Eine schriftliche Instruktion mit Lehrzielangaben vor jedem Kapitel und Anschauungsbeispielen
2. Übungsaufgaben mit Lösungen bzw. Lösungsvorschlägen
3. Selbstkontrollaufgaben mit Lösungen zu jedem Kapitel
4. einen Anhang mit veranschaulichenden Informationen
5. Glossar I und II für Fachausdrücke
6. zwei Beobachtungssysteme und Anleitungen zu ihrer Anwendung
7. eine Anleitung zur Analyse von Videoaufnahmen des Lehrverhaltens im Unterricht.

Zur Evaluation des Kurses und als Mittel zur laufenden Lernkontrolle wurde ein informeller Test über Kenntnisse in Verhaltenstheorie entwickelt und erprobt. Interessierte Seminarleiter können die Testitems direkt vom Autor erhalten (Deutsches Institut für Internationale Pädagogische Forschung, Frankfurt/M.).

Ein Teil der Übungsaufgaben ist in der wörtlichen Formulierung nur für praktizierende Lehrer geeignet. Lehrerstudenten können zumindest eine Reihe dieser Aufgaben auch verwenden, wenn sie sie auf andere Situationen (etwa Seminarveranstaltungen, Bereiche in der Familie oder des Freundeskreises) übertragen.

Es ist empfehlenswert, sich zur Bearbeitung der Übungsaufgaben ein Arbeitsheft anzulegen, damit später auf eigene frühere Lösungen zurückgegriffen werden kann. Die Aufgaben sollten stets schriftlich bearbeitet werden, um die Übungsmöglichkeiten voll auszuschöpfen und die darin verlangten Überlegungen und Maßnahmen tatsächlich auszuführen.

Um mit dem Kurs ein effektives Studium zu ermöglichen, wurde er in systematischer Weise entwickelt und evaluiert: Der Kurserstellung ging eine gründliche Analyse der vorhandenen Literatur zur Verhaltenstheorie und der Trainingsmaterialien zur Pädagogischen Verhaltensmodifikation voraus. Die Entwicklung erfolgte danach in mehreren Phasen: Die jeweils erarbeiteten Kursfassungen (insgesamt vier) wurden von Experten, Lehrern und Lehrerstudenten im Hinblick auf alle wichtigeren Merkmale und Teile des Kurses beurteilt, zum Beispiel hinsichtlich seiner Eignung zum *Selbststudium* und zur *Motivierung* des Lesers sowie hinsichtlich der *Verständlichkeit* und der praktischen *Anwendbarkeit*. Die Informationen aus diesen Erprobungen wurden zur Korrektur und Erweiterung der nächsten Kursfassung verwendet. In drei Seminaren mit Lehrerstudenten wurde die Effektivität des Kurses geprüft, indem die Kenntnisse über die Verhaltenstheorie mit einem informellen Leistungstest geprüft wurden. Die Studierenden machten in allen drei Seminaren aufgrund der Ergebnisse in diesem Test signifikante Lernfortschritte; die positive Einstellung der Seminarteilnehmer zum Pädagogikstudium und zur Verhaltensmodifikation, die sie in die Seminare mitgebracht hatten, blieb trotz sehr anstrengender Arbeit erhalten. Die dritte Kursfassung, der die letzten Evaluationsmaßnahmen galten, wurde gegenüber den üblichen Lehrbüchern deutlich positiver eingeschätzt. Auch die Möglichkeit zum Üben, zur Selbstkontrolle und damit zusammenhängend die Eignung zum Selbststudium wurden als sehr vorteilhaft beurteilt (Einzelheiten über die Entwicklung und Evaluation des Kurses können dem Teil I der Dissertation des Autors — 1976 — entnommen werden).

Die Verwendung des Kurses hat sich aufgrund der Evaluationsergebnisse für folgende Zwecke bewährt:

1. Zur Einführung von Studierenden in die Verhaltenstheorie als Grundlage für das weitere Studium in Seminaren mit verhaltenstheoretisch orientierten Themen-

stellungen, zum Beispiel pädagogische Diagnostik, Kasuistikseminare über Lern- und Disziplinschwierigkeiten, Technologie des Lehrens,
2. zur selbständigen Vorbereitung von Studierenden für ein anschließendes Gruppen-Trainingsseminar,
3. zur selbständigen Vorbereitung von praktizierenden Lehrern, die im Rahmen ihres Unterrichts trainieren und mit einem einzelnen Schüler ein Förder- und Modifikationsvorhaben durchführen.

Der Kurs hat sich also insbesondere als Vorbereitungsmaterial für weitere Seminarveranstaltungen und für das praktische Training bewährt.

Der Trainingskurs wurde außer in den genannten Evaluationsseminaren im Rahmen eines vom Autor nach Tharp und Wetzel (1975) gestalteten Modells eines „Kooperativen Trainings für Studierende und Lehrer in Pädagogischer Verhaltensmodifikation" (1977) eingesetzt: Ein Studierender, der ausführlich – u. a. mit dem vorliegenden Kurs – in der Verhaltenstheorie ausgebildet wurde, führt (im Rahmen seiner Diplom- oder Staatsexamensarbeit) zusammen mit einem Lehrer ein Einzeltraining durch. Der Studierende wird in der Beratung von Lehrern in der Bearbeitung von „Problemfällen" im Unterricht ausgebildet, der Lehrer arbeitet sich mit Hilfe des Studierenden in die Verhaltenstheorie ein und versucht, bei der Förderung des Problemfalles das kennengelernte Konzept in seinem Unterricht schrittweise zu realisieren. Diese Ausbildungsvorhaben bewältigen der Lehrer und der Studierende unter Betreuung durch den Trainingsleiter gemeinsam. Die bisher durchgeführten Trainingsvorhaben brachten sehr ermutigende Ergebnisse und ausdrückliche Zustimmung der Teilnehmer.

Eine Zusammenfassung des Entwicklungs- und Evaluationsberichtes wird im zweiten Jahrbuch für empirische Erziehungswissenschaft, hrsg. von K. J. Klauer und H.-J. Kornadt, 1978 erscheinen. Eine Überarbeitung des Trainingsmodells und ein erster Bericht über bisher durchgeführte Einzeltrainings werden zur Zeit erstellt. Diese Beiträge werden auch Informationen für Seminarleiter über den Einsatz des Trainingskurses enthalten.

Zum Schluß möchte ich auf die umfangreiche Unterstützung hinweisen, die ich während der Erstellung der Arbeit erhalten habe und ohne die gerade ein evaluierter Trainingskurs nicht hätte entwickelt werden können:

Kollegen und Studierende am Erziehungswissenschaftlichen Institut der Universität Düsseldorf, Lehrer an Düsseldorfer Schulen sowie Mitarbeiter und Referendare am Studienseminar Düsseldorf haben durch ihre Rückmeldungen und Vorschläge erheblich zu Gestaltung und Verbesserung des Kurses beigetragen. Ihnen allen danke ich an dieser Stelle sehr herzlich.

Insbesondere bedanke ich mich für viele Ratschläge und Ermunterungen bei Herrn Prof. Dr. Volker Krumm (Düsseldorf) und Herrn Prof. Dr. Harald Euler (Kassel).

1. Einleitung

1.1 Problemstellungen und Lösungsmöglichkeiten

Eine Lehrerin klagt: „Hartmut macht mir Sorgen, man meint gerade, der Unterricht ginge ihn überhaupt nichts an. Er unternimmt laufend etwas und stört seine Nachbarn. Er wird von der Klasse nicht akzeptiert." Ihre Kollegin wiederum ist erfreut über die zunehmende Sicherheit ihrer Schülerin Beate, die lange aus Schüchternheit kaum am Unterricht teilnahm. Ein weiterer Lehrer berichtet, Rainer bringe ihn immer wieder in Zorn. Es gelinge ihm einfach nicht, darauf nicht zu reagieren. Nach einiger Zeit werde es ihm doch zu viel, dann schimpfe und ermahne er Rainer, aber ohne langen Erfolg.

Die Aufzählung solcher Unterrichtssituationen könnte noch fortgeführt werden — Sie selbst könnten sicher auch noch viele hinzufügen — (siehe dazu auch Anhang I., 1). Vordringlich ist jedoch die Frage, *wie solche Unterrichtssituationen herbeigeführt bzw. — in problematischen Fällen — behoben werden können.*

Einen ermutigenden Ausblick auf eine systematische Lösung dieser Frage bietet das vor allem in den USA entwickelte Konzept der *Pädagogischen Verhaltensmodifikation.* Dieses Konzept, das auf verhaltensorientierten Lerntheorien und auf verhaltenstherapeutischer Forschung beruht, wurde in einer sehr großen Zahl empirischer Untersuchungen zur Erklärung und Steuerung von Lernprozessen und zur Lösung von schulischen Lernprozessen und Verhaltensproblemen von Schülern und Lehrern erfolgreich erprobt. Das Konzept der Pädagogischen Verhaltensmodifikation besteht aus einer großen Zahl einzeln und kombiniert einzusetzender Verfahren, die bei diesen Erprobungen unter vielfältigen Bedingungen auf die unterschiedlichsten Probleme und Lernaufgaben angewandt wurden. Außerdem konnte gezeigt werden, daß Lehrer, Eltern und auch Schüler die Verfahren schnell lernen und im Unterricht oder in der Familie gezielt anwenden können.

Vorab sollen Ihnen einige Hinweise helfen, den Kurs in optimaler Weise zu nutzen.

Bitte lesen Sie vorab die Lehrzielangaben besonders genau durch, sie sollen Ihnen zeigen, ‚wohin es gehen soll'. Arbeiten Sie die Übungsbeispiele bitte — soweit erforderlich — schriftlich durch, damit Sie sich zwingen zu prüfen, ob Sie die darin verlangten Operationen tatsächlich ausführen können. Häufig handelt es sich bei den Aufgaben um Teilmaßnahmen, die bei der Vorbereitung und Durchführung von Modifikationsvorhaben zu leisten sind. In anderen Aufgaben sollen Sie sich selbst zeigen, ob Sie den Umgang mit verhaltenstheoretischen Begriffen und Aussagen beherrschen, der als Voraussetzung für eine theoriegerechte Praktizierung der Verhaltensmodifikation anzusehen ist. Mit der Ausführung aller Übungen und Aufgaben sichern Sie sich auch die Möglichkeit, den Kurs weiterhin selbständig durcharbeiten zu können. Bitte orientieren Sie sich bei den einzelnen Aufgaben auch danach, welches jeweilige Lehrziel damit abgedeckt werden soll.
Da der Kurs sowohl für Lehrer als auch für Studierende gedacht ist, war es nicht ganz einfach, für beide Adressatengruppen geeignete Übungsaufgaben zu entwickeln. Für Lehrer, die bereits unterrichten, konnten viele Übungsausgaben in den Unterricht verlegt werden. Somit haben diese Adressaten Gelegenheit, sich in realen Situationen ihres Unterrichts in sukzessiver Weise in die Verfahren einzuüben. Für Studierende mußte dagegen auf Situationen in vergangenen oder laufenden Seminarveranstaltungen oder auf Situationen in der Familie oder im Freundeskreis zurückgegriffen werden. Obwohl dies sicherlich nicht die idealen Aufgabenstellungen sind, bieten sie dennoch in etwa eine Übungsmöglichkeit. Ein gewisser Ausweg besteht noch darin, daß der Leser auch nach eigenen Aufgabenstellungen und Übungsaufgaben sucht.
Um die Darstellung des Textes leicht lesbar zu halten, wurde versucht, möglichst Fremdwörter und Fachausdrücke zu vermeiden. Da dies aber nicht völlig durchzuhalten ist, wurden dem Kurs zwei *Glossare* beigefügt, in denen alle wichtigen Fachausdrücke enthalten sind. Dadurch konnte der Text einigermaßen von überlastenden Definitionen freigehalten werden. Einige Begriffsbestimmungen müssen Sie allerdings bearbeiten.
Außerdem wurde versucht — soweit dies nur vertretbar schien —, das laufende Zitieren und Verweisen auf benutzte Literatur zu vermeiden, um den Text flüssig lesbar zu machen. Als wichtigste Literatur wurden überwiegend folgende Darstellungen herangezogen, ohne daß stets darauf verwiesen wurde:

Bandura, A.: Principles of behavior modification, New York u. a. 1969
Becker, W. C. / Engelmann, S. / Thomas, D. R.: Teaching: A Course in Applied Psychology, Chicago 1971
Kanfer, F. H. / Phillips, J. S.: Lerntheoretische Grundlagen der Verhaltenstherapie, München 1975
Kuhlen, Vera: Verhaltenstherapie im Kindesalter, 2. Aufl. München 1973
MacMillan, D. L.: Verhaltensmodifikation. Eine Einführung für Lehrer und Erzieher, München 1975
Sulzer, B. / Mayer, G. R.: Behavior modification procedures for school personnel, Hinsdale Ill. 1972

1.2 Überblick über das Konzept der Pädagogischen Verhaltensmodifikation

Nach den Kapiteln 1.2.1 bis 1.2.3 sollten Sie in der Lage sein:
1. den Begriff Pädagogische Verhaltensmodifikation mit den wichtigsten Merkmalen zu erläutern,
2. die Anwendungsbereiche der Pädagogischen Verhaltensmodifikation und der Verhaltenstherapie abzugrenzen,
3. Beispiele für den Anwendungsbereich der Verhaltensmodifikation zu geben,
4. eine grobe Skizzierung der systematischen Vorgehensweise der Pädagogischen Verhaltensmodifikation nachzuvollziehen,
5. das kurz umrissene Berufsbild des Lehrers wiederzugeben und das besondere Merkmal herauszustellen,
6. die Problematik der Verhaltenssteuerung des Schülers durch den Lehrer zu diskutieren,
7. die angeführte Untersuchung von Brown u. a. wiederzugeben und das Schaubild zu erläutern.

1.2.1 Der Begriff der Verhaltensmodifikation

Der Begriff der Verhaltensmodifikation wird in dreifacher Weise gebraucht. Hier wird zunächst auf zwei Arten eingegangen, eine dritte Art der Begriffsauffassung wird erst nach einigen verhaltenstheoretischen Ausführungen verständlich und später kurz dargestellt.

Nach der ersten Verwendungsweise wird mit Verhaltensmodifikation eine bestimmte *Disziplin* gemeint, die sich mit Fragen der Erklärung und Steuerung von Verhalten beschäftigt und einen Katalog von Verfahren und Grundsätzen der praktischen Steuerung von Verhalten umfaßt. Als Disziplin steht sie mit anderen Ansätzen, etwa mit psychoanalytischen oder gesprächspsychotherapeutischen, in Konkurrenz. Die zweite Verwendungsweise des Begriffs zielt auf den Vorgang der Verhaltensänderung ab und hängt eng mit dem ‚Lernen' zusammen.

O'Leary und O'Leary (1972, 14) bezeichnen Verhaltensmodifikation als einen

Prozeß, in dem ein beobachtbares Verhalten durch die systematische Anwendung von Techniken, die auf Lerntheorien und auf experimentellem Vorgehen begründet sind, verändert wird.

Zu dieser Definition sind einige Ausführungen zu machen:

a) Die Verhaltensmodifikation befaßt sich mit *unmittelbar beobachtbaren* oder mit Hilfe von Tests *mittelbar beobachtbaren* Verhaltensweisen. Der Begriff ‚Verhalten' (siehe Kap. 2.1) ist hier – abweichend vom gewohnten Sprachgebrauch – *weit gefaßt:* Mit Verhalten sind *sämtliche* beobachtbaren Bewegungen und Äußerungen sowie alle physiologischen Vorgänge eines Organismus gemeint.

Beispiele für Verhalten sind demnach: gehen, atmen, sprechen, lächeln, Drüsentätigkeit, aber auch: Wissen zeigen, denken, Gefühle äußern, motiviert sein (siehe auch Anhang I., 1 bis I., 3).

Die Vielfalt dieser Verhaltensweisen ist verwirrend, so daß versucht wurde, Klassifikationssysteme zum Ordnen aller Verhaltensweisen zu entwickeln. Ein vielversprechender und für die Schule der wohl bekannteste Ansatz stellt die Taxonomy of Educational Objectives (TEO) von B. S. Bloom u. a. (1971) und von D. R. Krathwohl u. a. (1971) dar. Diese Taxonomie von Lehrzielen, die — wie inzwischen allgemein praktiziert — als Verhaltensweisen formuliert sind, geht von drei Bereichen aus, die in sich noch weiter gegliedert sind: dem kognitiven, dem affektiven und dem psychomotorischen Bereich.

Im *kognitiven* Bereich werden sämtliche intellektuellen Fertigkeiten und Fähigkeiten erfaßt, zum Beispiel sich an Erlerntes erinnern, Wissen reproduzieren, Probleme analysieren, lösen und beurteilen.

Der *affektive* Bereich enthält Verhaltensweisen, mit denen Gefühle, Einstellungen, Interessen, Motive und Werturteile geäußert werden.

Zum *psychomotorischen* Bereich zählen alle körperlichen Bewegungsvorgänge, wie motorische Fertigkeiten und Fähigkeiten (turnen, schreiben, malen, zeichnen).

Durch diese Aufgliederung soll nicht der Eindruck erweckt werden, als würden die Verhaltensweisen der drei Klassen getrennt voneinander geäußert. Diese Trennung wird vorgenommen, um die in der Realität komplex verlaufenden Verhaltensprozesse in ihren Dimensionen erfassen zu können. Es wird davon ausgegangen, *daß jede konkrete Verhaltensweise meistens Merkmale aller drei Dimensionen enthält,* daß aber unter bestimmten Gesichtspunkten immer eine Dimension dominiert. Diese Klassifikation hat zum Beispiel bei der Analyse bzw. beim Finden von Lehrzielen wertvolle Dienste geleistet und wird auch hier helfen, die Verhaltensweisen, mit denen die Verhaltensmodifikation sich befaßt, zu ordnen und zu überschauen.

b) Die Verhaltensmodifikation geht davon aus, daß Verhaltensweisen — *erwünschte* wie *unerwünschte* — *gelernt* und *verlernt* werden (siehe die ausführliche Darstellung in Teil I, Kapitel 2.1). Auch die unten beschriebenen abweichenden Vehaltensweisen sind durch Lernprozesse der Schüler zustandegekommen. Beide Richtungen der Lernverläufe Verhaltensaufbau und Verhaltensabbau sind von lerntheoretischen Erkenntnissen von bestimmten *Bedingungen* abhängig, die man zumindest teilweise identifizieren kann. Somit können Lehrer das Verhalten ihrer Schüler lenken, wenn sie die jeweiligen Bedingungen feststellen und nach verhaltenstheoretischen Gesetzmäßigkeiten gestalten.

c) Zur Beeinflussung dieser Lernbedingungen wurden aus verhaltenstheoretischen Aussagen *Verhaltenstechnologien*[1] entwickelt und erprobt. Diese Technologien stellen sogenannte Lehrverfahren dar, mit denen Lehrer ,normale' Lernprozesse gestalten sowie eigene und Schülerverhaltensprobleme angehen können.

d) Wie oben erwähnt, hat die Verhaltensmodifikation nur *direkt beobachtbare* oder *erschließbare Verhaltensweisen* zum Gegenstand. Diese Einschränkung besteht deshalb, weil nur solche Verhaltensweisen und ihre Veränderungen einer *intersubjektiven Nachprüfung*[2] zugänglich sind. Damit werden die experimentelle Erprobung der

---

1 Unter Technologien werden hier Verfahren oder Maßnahmen verstanden, die aus hinreichend bestätigten Theorien abgeleitet werden und selbst wiederum eine intensive empirische Überprüfung erfahren.
2 Intersubjektive Nachprüfbarkeit bedeutet, daß nicht nur der jeweilige Forscher, sondern jeder andere, der nach den gleichen Methoden vorgeht, zu den gleichen Ergebnissen kommen kann.

entwickelten Verfahren und die laufende empirische Kontrolle der Verfahrensanwendung in der Praxis als feste Bestandteile der Verhaltensmodifikation durchführbar.

Der Begriff Verhaltensmodifikation wird häufig synonym mit *Verhaltenstherapie* gebraucht (Kuhlen 1973, 245). Mit Verhaltenstherapie bezeichnet man jedoch solche Verhaltensänderungen, die im Rahmen der Behandlung starker Verhaltensabweichungen angestrebt werden. Verhaltensmodifikation ist dagegen der weitere Begriff, der auch Verhaltensänderungen in kognitiven, affektiven und psychomotorischen Bereichen, die in der Schule und in der Familie geplant bzw. erzielt werden. Daher wird hier auch von Pädagogischer Verhaltensmodifikation gesprochen.

1.2.2 Anwendungsbereich und Vorgehen der Verhaltensmodifikation

Verhaltensmodifikation im Unterricht wird — grob gesprochen — in zwei Bereichen praktiziert:

1. Bei der Gestaltung *‚normaler' Lernprozesse,* wenn eine Person aufgrund vorausgehender Lernprozesse die Voraussetzungen besitzt, weitere Kenntnisse und Fähigkeiten zu erwerben.
2. Bei der Lösung von *Problemfällen,* die darin bestehen, daß eine Person Verhalten zu häufig, zu selten, zur falschen Zeit oder in unangemessenen Situationen zeigt, obwohl sie es bereits beherrschen müßte.

Die der Verhaltensmodifikation zugrunde liegenden Lerntheorien, die unter dem Namen Verhaltenstheorie zusammengefaßt werden, sagen aus, daß menschliches Verhalten außer durch biologische Bedingungen durch die *gegenständliche* und *soziale Umwelt* gesteuert wird. Demnach ist es selbstverständlich, daß nicht nur die Lernprozesse und Verhaltensprobleme von Schülern, sondern auch die von Lehrern und Eltern Gegenstand der Verhaltensmodifikation sein können.

Zeigt zum Beispiel ein Lehrer problematisches Verhalten, dann stellt dieses Verhalten evtl. eine wichtige Bedingung dar, von der das problematische Verhalten eines Schülers abhängt. In diesem Falle müßte die Verhaltensmodifikation beim Lehrerverhalten als einer wichtigen Bedingung für das Schülerverhalten ansetzen. Andererseits wurde in vielen Untersuchungen gezeigt — und Lehrer wissen das aus dem Unterricht —, daß Schüler das Verhalten ihrer Lehrer und Mitschüler in erheblichem Maße beeinflussen können. Diese Feststellungen treffen natürlich auch für das Elternverhalten gegenüber den Kindern und umgekehrt zu.

Gegenstand der Verhaltensmodifikation sind also normale Lernprozesse und Verhaltensprobleme von Schülern, Lehrern und Eltern, wobei prinzipiell die Möglichkeit besteht, daß eine verhaltensändernde Maßnahme nicht direkt beim Verhalten der betreffenden Person ansetzt, sondern evtl. zuerst beim Verhalten wichtiger Bezugspersonen.

Aufgabe: Im Hinblick auf die Vielfalt von Verhaltensproblemen von Schülern und Lehrern sollten Sie die Listen von unterrichtsrelevanten Verhaltensweisen von Lehrern und Schülern im Anhang I., 1, 2 und 3 durchsehen.

In der Verhaltensmodifikation wird großer Wert auf eine gründliche *Vorbereitung* verhaltensändernder Maßnahmen gelegt. Sie besteht grob dargestellt in folgenden Schritten:

- Feststellung und Analyse des problematischen Verhaltens bzw. Festlegung der vorhandenen Lernvoraussetzungen,
- Aufdeckung der einflußreichen Bedingungen für das bestehende problematische Verhalten oder der Bedingungen, unter denen die Lernvoraussetzungen stehen,
- Festlegung der Ziele und Maßnahmen zur Verhaltensänderung (Intervention),
- Planung der Durchführung der Verhaltensänderung,
- Durchführung der Bedingungsänderung,
- weitere Analyse des Verhaltens zur Kontrolle des Modifikationserfolges.

Die Analyse findet nicht nur während der Vorbereitung statt, sondern erstreckt sich über die gesamte Zeit während und nach der Intervention, um gleichzeitig ihren Erfolg zu kontrollieren und gegebenenfalls Korrekturen am Modifikationsplan vorzunehmen (siehe die ausführliche Darstellung in Kapitel 5).
Die Forderung nach gründlicher Vorbereitung und die vielen Schritte der Vorbereitung mögen zunächst Bedenken wecken und ihre Anwendbarkeit im Unterricht in Frage stellen. Lehrer stehen im Unterricht häufig unter Handlungszwang und man mag einwenden, daß sie wegen anderer Funktionen nicht genügend Zeit haben, diese Vorbereitung zu leisten. Diese Befürchtung wird jedoch durch Untersuchungen in der Literatur und auch durch zwei Trainingsuntersuchungen mit zwei Lehrerinnen mit Hilfe dieses Kurses nicht bestätigt. Zwar fällt am Anfang etwas mehr Arbeit an und der Lehrer muß sich vorübergehend auf einige Dinge mehr konzentrieren, aber den Untersuchungen zufolge befreite die systematische Anwendung positiver verhaltensändernder Maßnahmen den Lehrer bald von zeitraubenden und lästigen Disziplinierungsmaßnahmen, so daß er sogar noch Zeit für die eigentliche Unterrichtsarbeit gewann. Diese Frage ist jedoch an dieser Stelle nicht endgültig zu beantworten, zumal die Verhaltensmodifikation erst ausführlich darzustellen ist. Deshalb kann hier nur eine vorläufige, kurze Stellungnahme gegeben werden.

a) Diese Strategie stellt zunächst einen *Idealtyp* dar. Sie enthält keine Angaben, wie umfangreich die Vorarbeiten sein *müssen;* dies kann nur im Hinblick auf einen *Einzelfall* oder auf bestimmte Gruppen von Fällen entschieden werden.
b) Die Ausführungen im Kurs werden deutlich machen, *daß die Funktionen, die der Lehrer im Unterricht schon immer wahrgenommen hat, einer Reihe von Verfahren der Verhaltensmodifikation und einigen Schritten der Vorbereitungsstrategie entsprechen,* d. h. das Vorgehen nach der Verhaltensmodifikation und die Tätigkeiten des Lehrers sind sehr gut miteinander zu vereinbaren oder sind teilweise identisch.
Eine Neuerung besteht darin, daß die bisherigen Lehrerfunktionen inhaltlich unter

dem einheitlichen Konzept der Verhaltensmodifikation betrachtet und *systematisch trainiert* und *ausgeübt* werden sollen.

c) Lehrer standen schon immer vor der Notwendigkeit, einem einzelnen Schüler mehr Aufmerksamkeit zu widmen, um Verhaltensprobleme oder Lernschwierigkeiten zu beheben. Diese besondere Zuwendung wird am ehesten Erfolg zeigen, *wenn über das Problem und seine Bedingungen genügend Information gesammelt und über das Vorgehen gründliche Erwägungen angestellt werden.* Um diese Arbeit zu erleichtern und gleichzeitig abzusichern, wird eine *ausführliche Strategie* vorgegeben, *aus der je nach Einzelfall die notwendigen Vorbereitungsschritte entnommen werden können.*

d) Der letzte Punkt ist für die Verhaltensmodifikation von grundsätzlicher Bedeutung: Im Interesse der Person, deren Verhalten verändert werden soll (Schüler, Lehrer, Eltern), ist es erforderlich, gezielte Veränderungen und laufende Beeinflussung nur mit gründlicher Vorbereitung und Reflexion zu unternehmen. Über dieses Postulat kann es auch bei anderen Konzepten des Unterrichtens keinen Zweifel geben.

Aufgabe: Bitte sammeln Sie – falls Sie es noch nicht getan haben – Gesichtspunkte, die Ihnen an dieser Argumentation kritisch erscheinen und prüfen Sie im Laufe des Kurses, ob sie dort entkräftet werden.

Weitere Ausführungen zu diesem Problem werden im Teil II des Kurses gemacht. Kapitel 6 kann auch vorgezogen werden.

1.2.3 Verhaltensmodifikation, Lehrerverhalten und Lehrerausbildung

Die systematische Einbeziehung der Techniken der Verhaltensmodifikation in den Unterricht bedeutet einen Schritt auf die Verwirklichung eines Ansatzes von Unterrichten und damit von Lehrerausbildung, wie er zum Beispiel von MacMillan (1975) und Döring (1970) umrissen wurde.

MacMillan (1975, 15) bezeichnet den Lehrer, der nach Gesetzmäßigkeiten der Verhaltenstheorie unterrichtet, als *Spezialisten für Lernprozesse.* Dieser Auffassung entspricht auch das „Berufsbild eines Lehrers, der sich als Erziehungsspezialist begreift, welcher *spezifische* Aufgaben mit Hilfe eines *differenzierten* Instrumentariums pädagogischer Hilfsmittel möglichst optimal zu lösen hat" (Döring 1970, 10).

Zu diesem differenzierten Instrumentarium sind u. a. die Verfahren der Verhaltensmodifikation und das eben skizzierte Vorgehen zu zählen, mit deren Hilfe ein Lehrer in effizienter Weise tägliche Lernprozesse gestalten und lenken sowie Verhaltensprobleme angehen kann.

Hier wird zunächst davon ausgegangen, daß der Lehrer der zentrale Anwender der Verhaltensmodifikation im Unterricht ist. Wie aber noch zu zeigen sein wird, können auch Schüler diese Funktion gegenüber anderen Schülern und gegenüber sich selbst (Selbstkontrolle) übernehmen und tun dies faktisch auch gegenüber ihrem Lehrer.

Trotz des anspruchsvoll formulierten Berufsbildes des Lehrers und der darin vorgesehenen Funktion der Verhaltensmodifikation gilt es hervor-

zuheben, daß die Verhaltensmodifikation kein Konzept darstellt, das dem Lehrer völlig neue Verfahren der Unterrichtssteuerung anbietet oder von ihm völlig neue Verhaltensweisen verlangt. Bei einigen Verfahren der Verhaltensmodifikation handelt es sich um allgemein akzeptierte und angewandte Elemente menschlichen Verhaltens, die wohl alle Lehrer, Eltern und Schüler mehr oder weniger ausgeprägt anwenden.
Aber gerade darin muß eine Gefahr für die Einsicht, diese Verfahren *trainieren* zu müssen, gesehen werden. Dazu ein überzeugendes Zitat von Grell (1974, 25 f.):

... die grundlegenden Verhaltenstechniken des Erziehens sind nicht grundsätzlich von den Techniken des Sozialverhaltens verschieden, die wir im Umgang mit unseren Mitmenschen von früher Kindheit an verwenden. ... Vielleicht sind wir deswegen so tief davon überzeugt, daß wir kaum noch etwas dazulernen müssen.

Ein entscheidender Aspekt des Trainings besteht nach den Ausführungen dieses und des vorigen Abschnittes darin, das vorhandene Verhaltensrepertoire *systematisch,* nach bestimmten Prinzipien, einsetzen zu lernen.

Die Notwendigkeit dieses Trainings kann daran erkannt werden, daß ‚gute Absichten und Vorsätze' zur Lösung eines Problems nicht ausreichen.

Ein weiteres Problem besteht in der Frage, *ob* und *in welchem Maße* der Lehrer Schülerverhalten steuern bzw. kontrollieren darf oder soll.

In der Verhaltensmodifikation und damit auch in diesem Kurs wird davon ausgegangen, daß ein Lehrer — wenn er sich zu diesem Beruf entschlossen hat — nicht mehr entscheiden kann, *ob* er Schülerverhalten steuern soll oder nicht. Tatsächlich beeinflußt er nämlich als Lehrer und Erzieher laufend das Verhalten von Schülern, ob er will oder nicht.

Lehnt er zum Beispiel die Steuerung von Verhalten ab, wirkt er auch dann noch — durch das Nichteingreifen — auf das Verhalten der Schüler ein. Insbesondere aber überläßt er damit das Schülerverhalten noch stärker dem Einfluß zufälliger, d. h. unkontrollierter Faktoren (siehe zu dieser Problematik den ausgezeichneten Aufsatz von Ulrich ,,Verhaltenskontrolle und öffentliches Unbehagen" [1975, 53 – 58] sowie die Ausführungen in Teil II, Kapitel 6, das auch schon früher gelesen werden kann).

Anders ist die Frage nach dem *Ausmaß* der Kontrolle zu beantworten. Häufig wird der Verhaltensmodifikation vorgeworfen, sie manipuliere, gängele und mache abhängig. Für das Konzept der Verhaltensmodifikation ist jedoch ihre Fähigkeit wesentlich, je nach Lern- und Erziehungsaufgabe *unterschiedliche Grade an Verhaltenssteuerung* zu ermöglichen. Sie beansprucht insbesondere auch, Verhaltensänderungen in Richtung auf erhöhte *Selbstkontrolle* herbeiführen zu können.

Abschließend soll anhand einer Untersuchung gezeigt werden, daß

Lehrer in der Anwendung dieser Verhaltenstechniken im Unterricht ausgebildet werden können.

Brown u. a. (1969) versuchten, das Verhalten eines Jungen, der häufig seinen Platz verließ, auf indirektem Wege zu verändern, indem sie das Verhalten seines Lehrers systematisch trainierten. Das Vorgehen bestand darin, das Verhalten des Lehrers so zu verändern (der Lehrer erlernte damit ein neues Verhalten), daß er in der Lage war, sich zur Beeinflussung des Schülverhaltens verhaltenstheorerischer Prinzipien, d. h. Verfahren der Verhaltensmodifikation zu bedienen.

Die Modifikation verlief in mehreren Phasen, in denen jeweils das Verhalten des Lehrers in Abhängigkeit von der Instruktion und der positiven Verstärkung durch den Experimentleiter *und* das Schülerverhalten in Abhängigkeit vom veränderten Lehrerverhalten erfaßt wurden. (Auf den Begriff der positiven Verstärkung wird in Teil I, Kapitel 2.3.1 ausführlich eingegangen. Siehe auch im Glossar.)

In der ersten Phase dieser Studie wurde beobachtet, wie häufig der Schüler Billy seinen Platz verließ und wie häufig er vom Lehrer positive Verstärkung erhielt.

Der Lehrer tadelte und ermahnte den Schüler anfangs häufiger, aber er wandte sich damit Billy laufend zu und schenkte ihm seine Aufmerksamkeit (Abb. 1).

Diese Zuwendung könnte nach den Ergebnissen mehrerer empirischer Untersuchungen auch die unbeabsichtigte Wirkung einer positiven Verstärkung gehabt haben, so daß das unerwünschte Verhalten des Schülers gerade durch die Zuwendung beim Tadeln und Ermahnen aufrechterhalten worden wäre.

In der zweiten Phase erhielt der Lehrer vom Experimentleiter positive Verstärkung (Lob, Anerkennung), so oft er seinerseits den Schüler für erwünschtes Verhalten positiv verstärkt hatte. In der dritten Phase wurde dem Lehrer die Verstärkung vorenthalten, während er sie in der vierten Phase wieder für sein eigenes Verstärkungsverhalten erhielt.

Wie die Abbildung zeigt, hat der Lehrer in der ersten Phase den Schüler selten positiv verstärkt, während der Schüler sehr häufig den Platz verließ. In der zweiten Phase erhielt der Lehrer für jede positive Verstärkung, die er Billy für das ‚Am-Platz-Bleiben' gab, seinerseits positive Verstärkung, so daß er zusehens häufiger verstärkte. *In Abhängigkeit* von dieser Steigerung des Lehrerverhaltens nahm das Platzverlassen des Schülers laufend ab. In der dritten Phase wurde der Lehrer nicht mehr verstärkt, worauf sein Verstärkungsverhalten wieder abnahm und demzufolge der Schüler wieder häufiger seinen Platz verließ. In der Phase 4 wurde wieder verfahren wie in der zweiten Phase, dabei stellten sich beim Lehrer und Schüler die gleichen Verhaltensänderungen wie in Phase 2 ein.

Die Untersuchung zeigt, wie sich das Verhalten der beiden Personen *in*

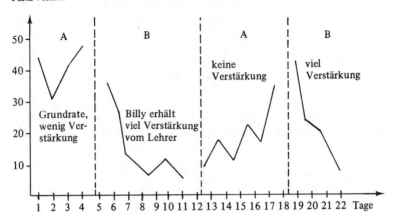
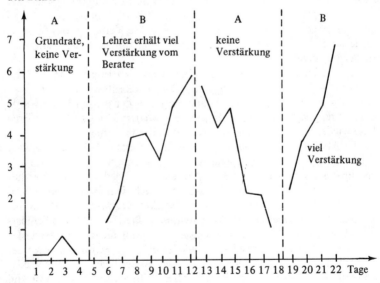

Abb. 1: Verhaltensverläufe bei unterschiedlichen Verstärkungsbedingungen nach der Untersuchung von Brown u. a. (1969)

Abhängigkeit von jeweiligen *Verstärkungsbedingungen* (d. h. Verhaltenskonsequenzen) veränderte.
Besonders illustrativ ist ein Vergleich der beiden Verhaltensprozesse: Es wird deutlich, wie das Verstärkungsverhalten des Lehrers (Zu-, Ab-, Zunahme) *als Bedingung für das Schülerverhalten* (Ab-, Zu-, Abnahme) wirkte und *wie das Lehrerverhalten seinerseits durch die Verstärkungen des Experimentleiters beeinflußt werden konnte.*
Die Untersuchung zeigt, daß auch *Lehrerverhalten* durch Anwendung von Verfahren der Verhaltensmodifikation (hier durch die Darbietung positiver Verhaltenskonsequenzen = Lob, Anerkennung) verändert werden kann. Der Lehrer hat in den Phasen 2 und 4 unter diesem Einfluß das gleiche Verfahren auch angewendet und erfolgreich eine unerwünschte *Schülerverhaltensweise* reduziert.

Aufgaben (Lösungen befinden sich am Ende von Kapitel 1):
1. Stellen Sie sich bitte vor, Sie seien Beratungslehrer und ein Kollege komme zu Ihnen und sage: „Hartmut macht mir Sorgen, man meint gerade, der Unterricht ginge ihn überhaupt nichts an. Können Sie mir sagen, was ich machen soll!"
Womit würden Sie bei der Beratung des Kollegen beginnen?
. . .
. . .
2. Bitte benennen Sie fünf Anwendungsgebiete (Aufgaben- und Problembereiche) aus Ihrem(n) Unterricht / Seminarveranstaltungen, für die Sie nach den bisherigen Ausführungen die Verhaltensmodifikation für zuständig halten (bitte nennen Sie ganz konkrete Beispiele).
3. Bitte gehen Sie zum Schaubild der Untersuchung von Brown u. a. (1969) zurück und versuchen Sie, die Kurvenverläufe einzeln und aufeinander bezogen zu interpretieren.
4. Jemand räte dem auf Seite 17 zitierten Lehrer, den der Schüler Rainer laufend in Zorn bringe, er solle einfach auf den Schüler nicht mehr eingehen, dann werde dieser schon merken, daß er nicht mehr ‚ankomme' und werde dann von selbst mit dem abweichenden Verhalten aufhören.
Wie beurteilen Sie diesen Vorschlag? Wie würden Sie die Beratung dieses Falles beginnen und fortsetzen?

1.3 Skizzierung der Ziele des Trainingskurses

Unter 1.1 wurden bereits Anwendungsbereiche des Kurses angedeutet. Der Kurs soll Lehrern helfen, schulische Lernprozesse nach abgesicherten verhaltenstheoretischen Prinzipien systematisch zu gestalten und zu lenken, er soll ihnen außerdem Einblick in die Entstehung abweichender Verhaltensweisen vermitteln und sie befähigen, diese zu beseitigen bzw. zu verhindern.
Der Bereich der vom Lehrer im laufenden Unterricht anzugehenden Verhaltensabweichungen ist jedoch einzugrenzen. Es ist nicht beabsichtigt, Lehrer soweit auszubilden, daß sie schwere Verhaltensstörungen von

Schülern allein behandeln könnten. Der Kurs soll hinsichtlich schwerer Verhaltensabweichungen nur befähigen, diese festzustellen und zu beschreiben, um eine endgültige Beurteilung und eventuelle Behandlung durch einen Therapeuten zu veranlassen. Dabei kann der Lehrer in der Zusammenarbeit mit dem Therapeuten eine wichtige Rolle übernehmen, *da er in der Schule am ehesten den laufenden Kontakt zu Schülern in solchen Situationen hat, in denen problematisches Verhalten häufig auftritt.*
Mit diesem Kurs wird versucht, nicht nur Kenntnisse (Wissen) zu vermitteln, sondern *die Anwendung der erworbenen Kenntnisse in einem besonderen Trainingsteil zu erlernen und zu üben.* Dabei wird das Schwergewicht des praktischen Teils vor allem auf *simulierte* Situationen und Lernprobleme gelegt.

Mit dem Kurs wird außerdem – wie oben schon ausgedrückt – der Versuch unternommen, möglichst *selbständige* Anwendung der Verhaltensmodifikation zu vermitteln. Deshalb werden die *verhaltenstheoretischen Grundlagen* ausführlich behandelt, um die notwendigen Voraussetzungen zur Beurteilung des eigenen Vorgehens zu legen. Aber dieser theoretische Teil soll nicht als ‚trockener' und ‚grauer' Teil des Kurses erscheinen. Stattdessen wird von vornherein versucht, mit Übungs- und Anwendungsaufgaben in die Theorie einzuführen und ihre Realitätsnähe aufzuzeigen.

Dem Kurs sind folgende Ziele gesetzt:

1. *Kenntnisse* über
1.1 *Bedingungen* und *Verlauf* von Lernprozessen.
   Es wird angenommen, daß dieser Abschnitt für Lehrer zum Teil nur eine Vertiefung und neue Systematisierung früherer Studien zum Thema Lerntheorie bedeutet.
1.2 *Verfahren* der Verhaltensmodifikation.
   Hier werden die bekanntesten und für den Unterricht relevanten Verfahren der Verhaltensmodifikation vorgestellt.
1.3 die *Vorbereitung* und *Durchführung* von Verhaltensänderungen.
   Vorbereitung und Durchführung verlaufen in mehreren Schritten und umfassen eine ganze Reihe von Tätigkeiten, wie zum Beispiel Verhaltensbeobachtung, Bestimmung und Beschreibung von Veränderungszielen. Über diesen gesamten Verlauf wird ein Überblick gegeben.

2. *Fähigkeiten* zur
2.1 *Vorbereitung* von gezielten Verhaltensänderungen.
   Hier sollen im Gegensatz zum Zielkomplex 1.3 einzelne Vorbereitungstätigkeiten an simulierten bzw. realen Problemfällen oder Lernvorhaben *ausgeführt* werden.
2.2 *Durchführung* von Verhaltensänderungen.
   In simulierten und realen Unterrichtssituationen werden die Prinzipien der Verhaltensmodifikation *angewandt*.

1.4 Übersicht über den Trainingskurs

Mit diesem Kurs wird vor allem der in Kapitel 1.3 genannte Zielbereich *Kenntnisse* angestrebt. Es wird versucht, eine breite Grundlage von Kenntnissen über Lernprozesse und ihre Bedingungen (Teil I) und über Kenntnisse über Verfahren der Verhaltensmodifikation und deren Anwendung (Teil II) zu vermitteln. Dazu wurde der Kurs folgendermaßen gegliedert:

Teil I: Theoretische Grundlagen

Nach dieser Einleitung (Kapitel 1) werden die verhaltenstheoretischen Grundlagen dargestellt. Sie umfassen drei lerntheoretische Ansätze (Kapitel 2).

Teil II: Probleme der Anwendung der Verhaltenstheorie

Im Kapitel 3 werden einige grundlegende Überlegungen zur Anwendungsproblematik angestellt.
In Kapitel 4 werden die einzelnen Verfahren der Pädagogischen Verhaltensmodifikation dargestellt.
Kapitel 5 enthält Ausführungen über die funktionale Analyse von Verhalten (Diagnostik) und die Planung von Interventionsmaßnahmen.
Im letzten Kapitel werden einige Einwände gegen die Verhaltensmodifikation angeführt und Stellungnahmen dazu wiedergegeben.

1.5 Lösungsvorschläge

1. Eine Beratung sollte stets mit der Feststellung, d. h. Identifizierung und der Beschreibung, und mit der Analyse des problematischen Verhaltens (oder einer Lernaufgabe) beginnen.
2. – Ein Schüler kommt seit etwa drei Wochen ohne Hausaufgaben zur Schule.
   – Eine Schülerin klagt, sie könne einfach zu Hause nicht lernen, sie müsse immer an andere Dinge denken und der Unterrichtsstoff interessiere sie nicht.
   – Ein Schüler ist jeden Tag in Streitereien verwickelt und wird von seinen Kameraden gemieden.
   – Claudia weiß viel mehr, als sie im Unterricht zu sagen wagt. Sie ist sehr unsicher und zieht Meldungen oft zurück.
   – Ein Lehrer schreit die Schüler wegen jeder Kleinigkeit an. In den letzten drei Stunden zum Beispiel hat er elfmal geschrien .
   (Für die Vorbereitung einer etwaigen Modifikation müßten die angesprochenen Verhaltensweisen noch genauer beschrieben werden und ihre Häufigkeit festgestellt werden.)
3. Zur Überprüfung Ihrer Beschreibung sollten Sie auf den Seiten 25 bis 27 nachlesen.
4. Eine Beratung sollte – wie bereits ausgeführt – mit einer genaueren Beschreibung des problematischen Verhaltens beginnen. Außerdem sollte geprüft werden, unter welchen Bedingungen dieses Verhalten auftritt; eine Bedingung könnte nämlich auch das Fehlverhalten des Lehrers darstellen. Der Lehrer sollte sich vor jeder Intervention nochmals kritisch die Zielsetzungen seiner bisherigen Erziehungsbemühungen (zum Beispiel hinsichtlich des Zorn auslösenden Jungen Rainer) und seiner beabsichtigten Änderungsmaßnahmen überdenken.

2. Lerntheoretische Grundlagen der Verhaltensmodifikation

2.1 Lerntheoretische Begriffe

Nach O'Leary und O'Leary (1972, 14) sind die Verfahren der Verhaltensmodifikation auf der Grundlage von *lerntheoretischen Erkenntnissen* entwickelt worden (siehe 1.2.1). Auf diese lerntheoretischen Grundlagen der in diesem Kurs zu behandelnden und zu erlernenden Verfahren wird in diesem zweiten Kapitel eingegangen. Vorbereitend sollen einige häufig gebrauchte Begriffe kurz umrissen werden.

Nach Abschnitt 2.1 sollten Sie in der Lage sein:
1. diese Begriffe mit eigenen Worten zu definieren,
2. diese Begriffe zueinander in Beziehung zu setzen,
3. zu jedem der Begriffe Beispiele aus Ihrem Unterricht zu nennen.

Verhalten

Unter Verhalten werden alle direkt oder mit Instrumenten indirekt beobachtbaren Aktivitäten eines Organismus verstanden (siehe Zeier 1976, 130). Beispiele: Muskelbewegungen, Drüsensekretionen (Schweiß, Tränen, Speichel), sprechen, singen, lächeln, zittern, mimische Bewegungen, aber auch inneres Sprechen, denken (Probleme lösen),
Beispiele im Unterricht: lesen, sich melden, an die Tafel schreiben, den Platz verlassen, loben, Angst oder Freude zeigen.
Häufig werden dazu auch abstrakte Begriffe wie Toleranz, Schüchternheit, Konzentration gezählt, obwohl nicht zu erkennen ist, was hier beobachtet oder getestet werden könnte. Dazu wären genauere Angaben notwendig (siehe Übung Nr. 5).
Häufig wird von Reaktionen gesprochen, und zwar in zweideutiger Weise. Eineseits wird damit im wörtlichen Sinne die ‚Reaktion' auf eine ‚Aktion' gemeint, andererseits wird der Begriff in unpräziserer Weise für jedes Verhalten, gleichgültig ob es in einer bestimmten Situation als Aktion oder tatsächlich als Reaktion auftritt, gebraucht. Aus dem jeweiligen Zusammenhang heraus kann dies aber meist eindeutig entschieden werden.

‚Verhalten' wird als Oberbegriff zu der Vielzahl aller möglichen einzelnen Verhaltensweisen verstanden. Das Verhalten einer Person kann je nach Zweck in mehrfacher Einsicht gegliedert werden.

- Oben wurde bereits die Verhaltensklassifikation von Bloom, Krathwohl u. a. erwähnt, die drei Verhaltensklassen verwenden: kognitive, affektive und psychomotorische.
- Man kann auch im Hinblick auf das Problem der Selbstkontrolle zwischen unmittelbar erfaßbarem, *offenem* Verhalten und mittelbar erfaßbarem, *verdecktem* Verhalten unterscheiden.
- Eine weitere Untergliederung nach Funktionen im Unterricht ist ebenfalls sehr geläufig. Hier spricht man etwa von Frage-, Erklärungs- und Verstärkungsverhalten auf seiten des Lehrers, während Schüler sich melden, fragen, antworten, zuhören, zuschauen, Vorschläge machen.
- Als letzte Unterscheidung, die wiederum für die Schule Bedeutung hat, ist das in bezug auf bestimmte Normen abweichende bzw. nichtabweichende (normale) Verhalten zu nennen. Dabei wird meist zuerst an das Schülerverhalten gedacht. Aber das Lehrerverhalten ist ebenfalls unter diesem Gesichtspunkt zu betrachten, worauf später noch eingegangen wird.

Ein Schüler kann abweichendes Verhalten zeigen, wenn er bestimmte Lehrziele nicht erreicht (Lernschwierigkeiten), wenn er bestimmtes Arbeitsverhalten nicht beherrscht, zum Beispiel bei zu geringer Ausdauer, oder wenn er bestimmte soziale Normen nicht beachtet (zum Beispiel Disziplinschwierigkeiten).

Ein Lehrer kann abweichendes Verhalten äußern, wenn er bestimmte Lehrtechniken nicht beherrscht, sich inkonsequent verhält oder zum Beispiel auch, wenn er aversiv reagiert, obwohl auch andere Strategien zur Verfügung stehen.

Wichtig ist jedoch, daß abweichendes oder nichtabweichendes Verhalten nur bezüglich bestimmter Normen als solche zu bestimmen sind. Die Normen sind als diskutierbare und als nicht verabsolutierbare Maßstäbe anzusehen. (Zu diesem Problem ist die Darstellung von Opp: ,,Abweichendes Verhalten und Gesellschaftsstruktur" 1974, vor allem 38 – 45, sehr instruktiv.)

Reiz – Stimulus

Mit ‚Reiz' oder ‚Stimulus' bezeichnet man jedes Objekt oder jedes Merkmal eines Objektes, alle Ereignisse und Verhaltensweisen von Organismen. Als Stimuli kommen zum Beispiel alle Gegenstände, Laute, Gerüche, Licht usw. in Frage; so auch die *Verhaltensweisen* anderer Menschen und das eigene Verhalten.

Beispiele für Stimuli im Unterricht sind: Lernmaterialien, Tafelanschrieb, allgemeine Lehrer- und Schüleräußerungen, (Disziplin-) Verhaltensweisen, Lob und Tadel des Lehrers.

Übung 1: Bitte beobachten Sie kurz, welche Stimuli im Augenblick, wo Sie diesen Kurs lesen, Sie umgeben und notieren Sie die auffälligsten (Lösungsvorschläge am Ende von Kapitel 2.1).

Lernen

‚Verhalten' und ‚Lernen' gelten als eng aufeinander bezogene Begriffe. In der Verhaltensmodifikation wird im Anschluß an die Lerntheorien von der weitgehend anerkannten Annahme ausgegangen, daß das menschliche Verhalten, auch wenn bedeutende biologische Bedingtheit anzuerkennen ist, so wie es in seiner Topographie (siehe Glossar) geäußert wird, überwiegend *gelernt* wird. Lernen kann nicht direkt beobachtet werden. Auf einen Lernvorgang wird *geschlossen,* wenn man am Verhalten einer Person Änderungen feststellen kann und diese nicht ausschließlich durch biologische Vorgänge erklärt werden können. Besteht im Verhalten zwischen den Zeitpunkten a und b ein Unterschied, dann *vermutet* man einen Lernvorgang, allerdings nur dann, wenn die Änderung *dauerhaft* ist.

Lernen wird also allgemein als relativ dauerhafte Änderung des Verhaltens definiert.

Damit wird deutlich, daß der hier eingeführte Begriff Lernen eine weitere Bedeutung hat als der üblicherweise gebrauchte Begriff des Lernens in der Schule. Man zählt darunter zwar jegliches Aneignen von Kenntnissen und Fertigkeiten im Unterricht; aber auch gewisse, von den Eltern nachgeahmte Verhaltensweisen sowie Ängst, aggressives, hilfsbereites, isoliertes Verhalten sind durch Lernprozesse zustandegekommen.
Mit den *Bedingungen der Lernprozesse,* d. h. mit Fragen, welches Verhalten unter welchen Umständen gelernt und auch gezeigt wird, beschäftigen sich die Lerntheorien. Für die Schule bringen sie die Erkenntnis, daß Verhalten gelernt wird und damit auch wieder ‚verlernt' werden kann und daß bei Kenntnis der jeweiligen Lernbedingungen die Lernprozesse von außen, zum Beispiel durch den Lehrer oder die Schüler gesteuert werden können.
Lernen kann aber auch zufällig, beiläufig erfolgen. In diesem Fall verläuft der Lernvorgang auch unter dem Einfluß bestimmter Bedingungen, aber diese sind entweder nicht bekannt oder werden nicht gezielt beeinflußt.
Man unterscheidet mehrere Arten des Lernens. Am bekanntesten ist wohl die Gliederung von Gagne (1970), in der acht Lerntypen, die nach ihrer Komplexität geordnet sind, vorgeschlagen werden. Beispiele sind: Signallernen, sprachliche Assoziation, Begriffslernen, Problemlösen. Abschließend sei nochmals hervorgehoben, daß eine Reihe von Verhaltensproblemen von Schülern und Lehrern im Unterricht, wie Lernschwierigkeiten verschiedenster Art, aggressives Verhalten, Schulängste, Überempfindlichkeit etc., durch Lernprozesse zustandegekommen ist und durch weitere Lernprozesse überwunden werden kann. Entscheidend ist, die relevanten Lernbedingungen zu finden und sie nach lerntheoretischen Erkenntnissen zu gestalten.
In den kommenden Kapiteln werden drei lerntheoretische Ansätze, die für die Verhaltensmodifikation fundamental sind, ausführlich behandelt. Vorab ist jedoch noch ein weiterer Begriff zu bestimmen.

Lehren

Unter Lehren wird eine Klasse von Tätigkeiten verstanden, ,,von denen begründet zu vermuten ist, daß sie Lernvorgänge beeinflussen" (Klauer 1973, 27). Lehren soll also nicht ausdrücklich an die Person des Lehrers gebunden sein, denn auch Eltern oder Mitschüler können lehren, wenn nur die begründete Aussicht auf eine Lernwirkung besteht. Lehren kann beabsichtigt oder auch unbeabsichtigt erfolgen. Lehren besteht darin, relevante Lernbedingungen einzurichten oder zu setzen; dies kann jedoch absichtlich oder unabsichtlich geschehen.

Selbstkontrollaufgaben – Wiederholung
(Lösungen befinden sich am Ende des Kapitels)

Zu den nun folgenden Selbstkontrollaufgaben ist noch eine Erklärung notwendig: Um Ihnen eine gewisse Orientierung zu geben, wurde in einem Erprobungsseminar erhoben, wieviele Lückenaufgaben von den Teilnehmern (Anfänger bezüglich der Verhaltenstheorie) richtig gelöst worden waren. Diese Gruppe von 23 Studierenden erreichte etwa 80 % richtige Lösungen. Diese Zahl mag Ihnen am Ende des Kurses einen gewissen Maßstab bieten.
1. Im Rahmen verhaltensorientierter Lerntheorien werden alle Gegenstände, Laute, Gerüche, Verhaltensweisen als ____ oder ____ bezeichnet.
2. Alle beobachtbaren bzw. erschließbaren Aktivitäten einer Person werden als ____ bezeichnet.
3. Wenn ein Lehrer lobt, dann stellt dieses Lob für den Schüler einen ____ dar.
4. Lernen wird als relativ dauerhafte ____ definiert.
5. / 6. / 7. Nach Bloom, Krathwohl u. a. kann man drei Verhaltensklassen bilden: ____, ____ und ____ Verhaltensweisen.
8. Von ____ spricht man, wenn begründet anzunehmen ist, daß durch bestimmte Maßnahmen Lernprozesse beeinflußt werden.
9. Lernmaterialien sind ____.
10. Das Lernen wird durch sogenannte Lern ____ beeinflußt oder gesteuert.
11. / 12. Ein wichtiges Ergebnis lerntheoretischer Forschung ist darin zu sehen, daß Verhaltensweisen nach den gleichen Lerngesetzen ____ und wieder ____ werden.
13. Die Begriffe des Lernens und Lehrens sind in diesem Kurs (enger / weiter) gefaßt als die in der Schule gebrauchten Begriffe des Lernens und Lehrens.
14. Lehren ist nicht an die Lehr- ____ gebunden.

Übungen
2. Bitte notieren Sie einige Reize / Stimuli, die der Lehrer im Unterricht einsetzt.
3. Aus den Ausführungen des Kurses wird deutlich, daß der Begriff des Lernens hier weiter gefaßt ist als es in der Schule im allgemeinen der Fall ist. Worin sehen Sie die Ausweitung des Begriffes?
4. Nennen Sie bitte einige Bedingungen des Lernens, die für den Schulunterricht spezifisch sind.
5. Die letzte Übungsaufgabe ist etwas umfangreicher und kann auf mehrere Male verteilt werden. Zuerst eine kurze Anleitung. Auf Seite 17 des Kurses (Beispiele) und auch später wurden Verhaltensweisen angegeben, von denen einige sehr komplex, abstrakt und nicht direkt beobachtbar sind. Direkte Beobachtbarkeit von Verhalten wurde jedoch als ein zentraler Grundsatz des Vorgehens der Verhaltensmodifikation herausgestellt. Entgegen anderen Auffassungen werden da-

her hier solche abstrakte Verhaltensangaben nur als *Namen* für bestimmte *Klassen* konkreter, beobachtbarer Verhaltensweisen verstanden. Ein Beispiel soll dies verdeutlichen: Unter der Bezeichnung ‚Schüchternheit' können zum Beispiel folgende Verhaltensweisen gemeint sein:
Ein Schüler zeigt kaum auf – zieht Meldungen häufig zurück – läßt sich leicht beim Kakaoholen zurückdrängen – spricht leise.
Es besteht kein Zweifel, daß mit diesen Angaben genauer ausgedrückt wird, welches Verhalten des Schülers gemeint und was zu beobachten ist. Wird das problematische Verhalten so präzise angegeben wie im zweiten Fall, dann steht genauer fest, worin das Problem besteht und wo eine Förderungsmaßnahme anzusetzen ist.
Für die Beschreibung von Verhalten für eine Modifikationsplanung ist also eine möglichst präzise, d. h. direkt beobachtbare Bezeichnung von Verhaltensweisen notwendig. Um darin etwas Übung zu bekommen, sollten Sie sich *mögliche* Verhaltensweisen, die man unter einem abstrakteren Begriff zusammenfassen könnte, ausdenken und niederschreiben. Bitte versuchen Sie auch bei weiteren Beobachtungen in Ihrem Unterricht oder in privater Umgebung, das geäußerte Verhalten möglichst konkret zu beschreiben.
Zuerst noch ein Beispiel: Lehrerstudenten haben bei der Kurserprobung zum Beispiel folgende Angaben gemacht:
Eine Lehrerin sagt von der 7jährigen Anne, sie sei *ordentlich*. An welchen Verhaltensweisen der Schülerin mag dies erkennbar sein?
a) Sie hat ihre Arbeitsmaterialien seit drei Monaten erst einmal vergessen.
b) Sie achtet darauf, daß sie ausgeliehene Sachen nicht kaputt macht oder beschmiert.
c) Sie reinigt ihre Pinsel nach dem Malen gründlich.
Diese drei Angaben sind natürlich keineswegs erschöpfend, man könnte prinzipiell noch viele Verhaltensweisen und viele verschiedene Situationen, in denen sie geäußert werden, finden.
Bitte suchen Sie zu den folgenden abstrakten Verhaltensangaben jeweils fünf beobachtbare Verhaltensweisen. Vielleicht hilft es Ihnen, zu jeder Angabe sich einen passenden Schüler Ihrer Klasse vorzustellen und seine darunter fallenden Verhaltensweisen zu beschreiben.
a) Eine 16jährige Schülerin wird als *interessiert* bezeichnet.
b) Georg (17) gilt als wenig motiviert.
c) Bernhard (11) ‚ist' *konzentrationsschwach*.
d) Eine Lehrerin bezeichnet einen Schüler (18) als *kooperationsbereit*.
e) Anton (15) verhält sich gegenüber seinen Klassenkameraden *aggressiv*.
f) Frau G. meint, Barbara (16) sei zu *nachgiebig*.
g) Hans (8) gilt in seiner Klasse als *isoliert*.
h) Ein Lehrer wird von seinen Schülern als *aggressiv* bezeichnet.
i) Herr P. gilt als *tolerant*.
k) Ein Lehrer reagiert dauernd *überempfindlich*.

Lösungsvorschläge
Selbstkontrollaufgaben – Wiederholung

1. Reize / Stimuli
2. Verhaltensweisen
3. Reiz / Stimulus
4. Änderung des Verhaltens
5. / 6. / 7. kognitive, affektive, psychomotorische
8. Lehren
9. Stimuli
10. -bedingungen
11. / 12. gelernt, verlernt
13. weiter
14. -absicht

Übungen

1. In Frage könnten kommen: Der Arbeitstisch, eine umherschwirrende Fliege, ein vorbeifahrendes Auto, Kinder, die unter Ihrem Fenster spielen, eine auf dem Tisch liegende Zeitung. Sicher gehört das zu lesende Arbeitsmaterial dazu und am Arbeitsmaterial wiederum besonders die soeben gestellte Aufgabe.
2. Arbeitsmaterial; Lehrerverhalten stellt für Schüler Reize dar, zum Beispiel Fragen stellen, Lernanweisungen geben, die Antwort des Schülers abwarten, Tafelanschrieb loben, tadeln, zustimmen.
3. Hier wird jede *dauerhafte Verhaltensänderung* als Lernen bezeichnet. In der Schule wird häufig nur der Aufbau unterrichtsbezogener Verhaltensweisen als Lernen bezeichnet, hier sind aber auch der Erwerb und das ‚Verlernen' unerwünschter Verhaltensweisen, das Lernen zu Hause und unter Freunden, auf dem Spielplatz gemeint.
4. Arbeitsmaterial, das *Lehrerverhalten,* die Lernvoraussetzungen der Schüler, die Aufgabenstellungen, Klassengröße.

Nach diesen grundlegenden Begriffen werden in den folgenden Kapiteln drei lerntheoretische Ansätze, die für die Verhaltensmodifikation fundamental sind, ausführlich behandelt.

2.2 Das klassische Konditionieren

Lerntheoretiker sind der Ansicht, daß vor allem *Reflexe* und *emotionale Reaktionen,* zum Beispiel Drüsentätigkeit und Gefühle wie Freude und Angst über klassisches Konditionieren gelernt und verlernt werden. Der Bereich der emotionalen Reaktionen ist für den Unterricht von erheblicher Bedeutung. Man denke nur an die Vorliebe oder Abneigung von Schülern für/gegen bestimmte Fächer, Hausaufgaben, Lehrer, Klassenkameraden oder an ihre Angst vor Klassenarbeiten.

Nach diesem Abschnitt 2.2 sollten Sie dann folgendes können:
1. Mit eigenen Worten Definitionen für einige Begriffe angeben.
2. Die zwei zum klassischen Konditionieren genannten Hypothesen genau wiedergeben.
3. Eine vorgegebene bildliche Darstellung eines Konditionierungsverlaufs erläutern.
4. Zur Beschreibung eines Konditionierungsverlaufs eine bildliche Darstellung anfertigen.
5. Einige Beispiele für Verhaltensweisen aus dem Unterricht, die der klassischen Konditionierung unterliegen, aufzählen.
6. An einer Übungsaufgabe das Prinzip und die grundlegenden Hypothesen des klassischen Konditionierens verdeutlichen.

Zur Einführung der wichtigsten Begriffe und der zwei lerntheoretischen Hypothesen soll folgendes einfache Beispiel dienen:

Andrea tritt in die erste Grundschulklasse ein. Sie hatte bisher noch keine Erfahrung mit dem Fach ‚Rechnen' gemacht. Wenn ihr Lehrer sich ihr freundlich zuwendet, freut sie sich und lächelt. Besonders im Rechnen kommt Andrea mehrere Male dran, danach wendet sich ihr der Lehrer freundlich zu und lobt sie. Sie freut sich wiederum darüber und lächelt. Nach einiger Zeit sagt Andrea zu ihren Eltern: „Rechnen gefällt mir am besten."

Mit dem Schuleintritt Andreas ist folgendes geschehen: Zum Fach ‚Rechnen' hat sie noch keine Beziehung, aber wenn sich der Lehrer bei einer Gelegenheit ihr zuwendet, zeigt sie Freude darüber.

Die Zuwendung des Lehrers kann für das Kind als ein *Reiz* bezeichnet werden, der bei ihm Freude *auslöst.* Tritt der Reiz ‚freundliche Zuwendung' auf, folgt unter den Bedingungen dieses Beispiels die unwillkürliche Reaktion ‚Freude'. Dieses wird in folgender Definition ausgedrückt (zur Formulierung der in diesem Kurs angeführten Definitionen und Hypothesen siehe K. Opp: Verhaltenstheoretische Soziologie, 1972, Kapitel III):

Definition: Auslösender Reiz / Stimulus (Symbol: AS)
Einen Reiz, dessen Darbietung zu einer unwillkürlichen Reaktion führt, nennt man einen *auslösenden Reiz.*

Das Unterrichtsfach ‚Rechnen' stellt dagegen einen Reiz dar, der bei Andrea (anfangs) keine Freude – auch keine Angst – *auslöst*, da sie mit Rechnen bisher wenig zu tun hatte.

Definition: Neutraler Reiz (NS)
Einen Reiz, der bei einer Person eine bestimmte Reaktion nicht auslöst, nennt man *in bezug* auf diese Reaktion einen *neutralen Reiz*.

Es ist wichtig, bei dem neutralen und dem auslösenden Reiz immer die jeweilige Reaktion mitzunennen oder zumindest mitzudenken; denn ein Reiz kann in bezug auf eine gewisse Reaktion ein neutraler, in bezug auf eine andere Reaktion ein auslösender Reiz sein.
Der bisher behandelte Zusammenhang kann durch eine bildliche Darstellung verdeutlicht werden (Abb. 2).

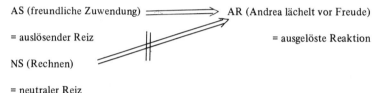

AS (freundliche Zuwendung) ⇒ AR (Andrea lächelt vor Freude)

= auslösender Reiz   = ausgelöste Reaktion

NS (Rechnen)

= neutraler Reiz

Abb. 2: Reiz-Reaktionsbeziehungen *vor* der Konditionierung

Der auslösende Reiz ‚freundliche Zuwendung' löst die Reaktion ‚lächelt vor Freude' aus. Der Reiz ‚Rechnen' löst diese Reaktion noch nicht aus, weshalb der Doppelpfeil durchgestrichen ist. Dieser Reiz ist somit ein neutraler Reiz. Der doppelte Pfeil soll eine strenge Beziehung zwischen AS und AR bezeichnen: Der auslösende Reiz führt bei den genannten Bedingungen sicher und regelmäßig zur Reaktion ‚lächelt vor Freude'.
Auslösende Reize können die auslösende Kraft ‚von Natur her' besitzen oder sie können sie *durch Konditionierung* erworben haben. Würde der Lehrer statt freundlicher Zuwendung dem Kind Limonade als Belohnung anbieten oder würde einer Person Schmerz zugefügt, dann könnte man bei diesen Reizen annehmen, daß sie bei den betreffenden Personen ohne vorherige Konditionierung (Lernprozeß) bestimmte Reaktionen auslösten. Andererseits dürfte die Bedeutung der genannten Art der Zuwendung erst durch eine Konditionierung gelernt worden sein.
Die auslösenden Reize werden daher folgendermaßen unterschieden:

Definition: Unkonditionierter Reiz (UCS)
Einen Reiz, der eine bestimmte Reaktion einer Person *von Natur her* auslösen kann, nennt man einen *unkonditionierten Reiz* oder *unkonditionierten Stimulus*.

Definition: Konditionierter Reiz (CS)
Einen Reiz, der seine auslösende Kraft durch eine *Konditionierung* erworben hat, nennt man einen *konditionierten Reiz* oder *konditionierten Stimulus*.

Wird eine Reaktion von einem unkonditionierten Reiz (UCS) ausgelöst, nennt man sie eine *unkonditionierte Reaktion* (UCR). Die von einem konditionierten Reiz (CS) ausgelöste Reaktion heißt entsprechend *konditionierte Reaktion* CR). Beispiele für unkonditionierte Reize (UCS) sind Nahrung, Flüssigkeit, sexueller Kontakt und körperliche Schläge. An dieser Aufzählung wird deutlich, daß die Zahl der unkonditionierten Reize nicht groß ist und diese wenig Bezug zum Unterricht haben. Ihre eindeutige Bestimmung ist schwierig; denn man müßte zeigen können, daß für die Auslösung einer bestimmten Reaktion noch keinerlei Konditionierung (kein Lernprozeß), auch nicht in frühester Kindheit, stattgefunden hat.

Wie die klassische Konditionierung *verläuft,* soll weiter am Beispiel der Andrea gezeigt werden:
Rechnen ist zunächst für Andrea ein neutraler Reiz (NS), der keine Freude auslöst. Aber während des Unterrichts wendet sich ihr der Lehrer mehrmals kurz nach ihren Rechenversuchen freundlich zu. Dieser Reiz ‚Zuwendung' löst bei ihr Freude (Lächeln) aus. Durch das mehrmalige zeitlich nah aufeinander folgende Auftreten dieser beiden Reize übernimmt der ursprünglich neutrale Reiz ‚Rechnen' die Freude auslösende Kraft des Reizes ‚Zuwendung'.

Dadurch wird der ehemals neutrale Reiz zu einem *konditionierten Reiz* (CS) und vermag danach die Reaktion ‚Freude' *allein* auszulösen (CR). Dies wird an den freudigen Reaktionen des Kindes beim Rechnen sichtbar oder kommt zum Ausdruck, wenn es sagt: „Rechnen gefällt mir am besten." Diesen Vorgang, der als *klassische Konditionierung* bezeichnet wird, kann man so darstellen (Abb. 3):

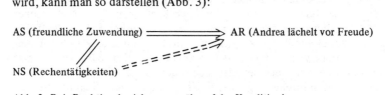

Abb. 3: Reiz-Reaktionsbeziehungen *während* der Konditionierung

Hier wird gezeigt, daß der neutrale Reiz ‚Rechentätigkeiten' kurz vor dem auslösenden Reiz ‚Zuwendung' auftritt — er ist deshalb nach links verschoben — und daß dabei der Reiz ‚Rechentätigkeit' mit der bestehenden Reiz-Reaktionsbeziehung ‚Zuwendung — Lächeln' verknüpft wird. Dabei wird die Freude auslösende Kraft zusehends auf den ursprünglich neutralen Reiz ‚Rechentätigkeiten' übertragen. Die doppelte Linie zwischen AS und NS symbolisiert dies. Der gestrichelte Pfeil kennzeichnet die *allmählich* vorhandene Kraft des Reizes ‚Rechentätigkeiten', Freude allein auszulösen. Siehe dazu die folgende Abbildung, die die Verhältnisse *nach* der Konditionierung wiedergibt (Abb. 4):

CS (Rechentätigkeiten) $\Longrightarrow$ CR (Freude)
konditionierter Reiz konditionierte Reaktion

AS (freudige Zuwendung) $\Longrightarrow$ AR (Freude)

Abb. 4: Reiz-Reaktionsbeziehung *nach* der Konditionierung

Andrea hat also gelernt, auch auf den Reiz ‚Rechentätigkeiten' mit bestimmten Freude ausdrückenden Verhaltensweisen wie Lächeln zu reagieren. Die Zuwendung des Lehrers vermag natürlich immer noch Freude auszulösen, daher wurde sie auch dargestellt.

In der obigen Abbildung wurde die Bezeichnung AS und NS beibehalten, die anfänglich sinnvoll war. Ob ein zunächst vorhandener Reiz ein UCS oder CS ist, spielt zur Erklärung des Prinzips des klassischen Konditionierens keine Rolle.

Nun kann das Prinzip des klassischen Konditionierens allgemein formuliert werden:

Definition: Die klassische Konditionierung
besteht in der *Verknüpfung* eines in bezug auf eine bestimmte Reaktion neutralen Reizes und eines diese Reaktion auslösenden Reizes.

Es wäre nun denkbar, daß sich der Lehrer aus irgendwelchen Gründen dem Kind nach seinen Rechenbeiträgen nicht mehr freundlich zuwendet, sondern den Unterricht ohne weitere Beachtung weiterführt. Der konditionierte Reiz ‚Rechentätigkeiten' würde also künftig ohne den ursprünglich auslösenden Reiz ‚Zuwendung' auftreten. Es ist zu erwarten, daß der konditionierte Reiz, obwohl er die konditionierte Reaktion auslösen konnte, diese Kraft wieder verliert, wenn er nicht gelegentlich wieder mit dem ursprünglich auslösenden Reiz gemeinsam auftritt.

Definition: Löschung
Die dauernde Darbietung eines konditionierten Reizes ohne den Reiz, dessen auslösende Kraft er übernommen hat, nennt man *Löschung* oder Extinktion.

Die Wirkungen der Konditionierung und der Löschung bestehen in folgendem: Bei der Konditionierung wird eine neue Reiz-Reaktionsbezie-

hung aufgebaut; bei der Löschung wird sie bis zum Stand vor der Konditionierung wieder abgebaut.
Diese Feststellungen werden durch folgende zwei lerntheoretischen Hypothesen getragen:

Hypothese 1: Konditionierung neuer Reiz-Reaktionsbeziehungen
Wenn ein neutraler Reiz mehrere Male mit einem auslösenden Reiz zeitlich zusammen auftritt, dann gilt: Je kürzere Zeit vor dem auslösenden Reiz der neutrale Reiz auftritt, in desto stärkerem Grade wird die auslösende Kraft auf den neutralen Reiz übertragen.

Diese Hypothese ist sowohl für Reize, die angenehme wie unangenehme Reaktionen auslösen, gültig.

Hypothese 2: Abbau einer Reiz-Reaktionsbeziehung
Tritt ein konditionierter Reiz nicht mehr mit dem Reiz auf, dessen auslösende Kraft er übernommen hat, dann verliert er allmählich seine auslösende Kraft.

In den bisherigen Ausführungen wurden die Begriffe und Hypothesen des klassischen Konditionierens an einem erdachten, aber sicherlich realitätsnahen Beispiel aufgezeigt. Die Forschungsliteratur enthält eine große Zahl von Untersuchungen, in denen diese grundlegenden Hypothesen bestätigt werden konnten.

Bevor die Bedeutung des klassischen Konditionierens für den Unterricht weiter aufgezeigt wird, sollten Sie sich kurz überprüfen.

1. Bitte formulieren Sie *schriftlich* mit eigenen Worten die Definitionen zu folgenden Begriffen und vergleichen Sie sie mit den Definitionen im Text oder im Glossar am Ende des Kurses:

   auslösender Reizkonditionierter Reiz
   neutraler Reizkonditionierte Reaktion
   klassische Konditionierungunkonditionierter Reiz
   Löschungunkonditionierte Reaktion

2. Formulieren Sie möglichst wörtlich die beiden grundlegenden Hypothesen des klassischen Konditionierens und vergleichen Sie sie ebenfalls mit dem Text.

Wie im obigen Beispiel bereits ausgeführt wurde, ist ein Lehrer für Schulanfänger in bezug auf viele Reaktionen ein neutraler Reiz. Je nach seinem Verhalten kann er bei den Kindern sich selbst oder einem Fach gegenüber Freude oder Angst auslösen, was bei den Kindern evtl. zu Konditionierungen mit Tätigkeiten in einzelnen Fächern, der gesamten Person des Lehrers, den Schulräumen oder auch mit dem Weg zur Schule führen kann. Durch solche Konditionierungen können ganze *Ketten* von Reiz-Reaktionsbeziehungen aufgebaut werden. Wenn man von einem bestimmten konditionierten Reiz ausgeht, ist es denkbar, daß er seine auslösende Kraft nicht direkt von einem UCS erworben hat, sondern von einem schon früher konditionierten Reiz, der seinerseits auch durch Verknüpfung mit einem schon konditionierten Reiz auslösende Kraft erworben hatte.

Es dürfte in der Praxis allerdings kaum möglich sein, eine solche Kette bis zu einem bestimmten UCS zurückzuverfolgen, weil anzunehmen ist, daß ein gewisser neutraler Reiz nicht nur mit einem, sondern im Laufe der Zeit evtl. mit mehreren bereits konditionierten Reizen verknüpft wurde, die nicht mehr identifizierbar sind. Man kann sich weiterhin vorstellen, daß nicht eine einzelne, geradlinige Kette zu einem bestimmten Muster von emotionalen Reaktionen geführt hat, sondern evtl. ein ganzes *Geflecht von Konditionierungsketten.*

Trotz dieses komplizierten Sachverhaltes haben sich diese Konditionierungshypothesen als sehr brauchbar erwiesen, so daß sie als die grundlegenden Prinzipien der Veränderung (Aufbau, Abbau) emotionaler Reaktionen anzusehen sind.

Die oben beschriebenen emotionalen Reaktionen sind häufig bei Schülern unterer Klassen anzutreffen, die sich in großer Begeisterung für die Person des Lehrers, in Vorlieben für bestimmte Fächer, aber auch in Abneigung oder Ängsten vor der Schule äußern. Letztere können sich bis zu Schulphobien steigern.

Ein Lehrer, der einen Schüler tadelt, handelt in einem gewissen situativen Rahmen, meist bezieht sich der Tadel auf ein Schülerverhalten in einem bestimmten Fach, zum Beispiel weil ein Schüler in Klassenarbeiten eines bestimmten Faches ungenügende Leistungen zeigt. Er wird dafür vom Lehrer getadelt und hat allmählich Angst vor Klassenarbeiten. Nach einiger Zeit äußert er auch Angst vor dem gesamten Fach, in dem er schlechte Arbeiten schreibt. Diese Ereignisse stellen eine zweigliedrige Konditionierungskette dar, die wiederum in Schaubildern verdeutlicht werden kann. Weitere Komponenten des Beispiels, etwa Reaktionen von Klassenkameraden oder Eltern, wurden weggelassen, es sei nur hervorgehoben, daß deren Reaktionen nicht auch Tadel etc. enthalten müssen, sondern evtl. in Trost oder Ermunterung bestehen können und dadurch dem unangenehmen Reiz entgegenwirken (Abb. 5).

In Abbildung 5e wurden die konditionierten Reaktionen mit R_1 und R_2 getrennt bezeichnet, da sich die Ängste unterschiedlich stark und in unterschiedlichen Verhaltensweisen äußern können.

Ereignisse der geschilderten Art können zu noch verhängnisvolleren Fehlentwicklungen führen, wenn nämlich der Schüler nicht nur Angst vor Klassenarbeiten im Fach Englisch, sondern auch vor den Arbeiten in anderen Fächern entwickeln würde. In einem solchen Fall spricht man von *Generalisierung.*

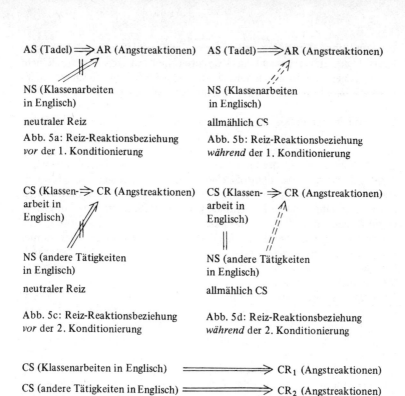

Abb. 5e: Reiz-Reaktionsbeziehungen *nach* den beiden Konditionierungen

Im einleitenden Kapitel wurde das hier vertretene Konzept der Verhaltensmodifikation als ein *positives* Konzept bezeichnet, in dem versucht wird, nach Möglichkeit ohne aversive Maßnahmen auszukommen und Verhaltenskontrolle mit positiven Maßnahmen auszuüben. Außerdem wurde hervorgehoben, daß das Interesse auch dahin geht, mit *präventiven* Maßnahmen Fehlentwicklungen und unerwünschte Nebenwirkungen zu vermeiden. Hier ist erstmals Gelegenheit aufzuzeigen, wie durch die doch häufig aversive Praxis in der Schule Nebenwirkungen wie Angst oder Verlust von Freude an oder Interesse für Unterrichtstätigkeiten oder Unterrichtsfächer herbeigeführt werden, weil aversive Reaktionen des Lehrers stets in Koppelung mit einem Fach, einer bestimmten Unterrichtstätigkeit auftreten. Dadurch erhalten allmählich auch diese früher evtl. positiven oder zumindest neutralen Reize ebenfalls aversiven Charakter, auch sie können Angst oder Unmut auslösen, zumindest lösen sie nicht mehr wie evtl. früher Freude, Interesse, Neugierde aus. Die Folge können zum Beispiel ‚Schulmüdigkeit' oder in schwereren Fällen Schul- oder Prüfungsängste sein. Konzentriert sich der Lehrer dagegen auf die Äußerungen erwünschten Schülerverhaltens und reagiert darauf in positiver Weise, kann er erstens die unerwünschten Nebenwirkungen aversiver Kontrolle auf das emotionale Verhalten der Schüler von vornherein vermeiden (präventives Potential), zweitens kann er stattdessen für den Schüler angenehme und evtl. für den Unterricht förderliche emotionale Reaktionen auslösen (positives Potential).

Übung 1

Bitte versuchen Sie, die obigen Abbildungen ausführlich verbal zu erläutern. Verwenden Sie dazu bitte die dafür maßgebliche Hypothese und prägen Sie sich – falls erforderlich – nochmals die einzelnen Begriffe ein. Einen Lösungsvorschlag finden Sie am Ende des Kapitels.

Die bisherigen Ausführungen betrafen vor allem die *Stimuli* der Reiz-Reaktionsbeziehungen. Abschließend wird noch kurz die *Reaktionsseite* besprochen. Es geht um die Frage, welche Arten von Reaktionen diesem Typ des Konditionierens unterliegen.

Allgemein wird die Klasse von Verhaltensweisen, die dem klassischen Konditionieren unterliegen, als *Antwortverhalten* bezeichnet, weil es sich um solche Reaktionen handelt, die durch Reize *ausgelöst* werden; sie erfolgen also zwangsläufig – als Antwort –, wenn ein bestimmter Reiz aufgetreten ist (siehe Definition ‚auslösender Reiz'). Statt Antwortverhalten wird auch der Ausdruck *respondentes Verhalten* gebraucht. Zum Antwortverhalten gehören zum Beispiel Lidschlußreflexe auf einen Luftstoß hin, Porenkontraktion durch kalte Dusche, Muskelkontraktionen, Abwehrreaktionen (Erschrecken) bei plötzlichen, heftigen Geräuschen oder bei körperlichen Schmerzen. Ausführlich wurden die emotionalen Reaktionen in die Beispiele einbezogen, da sie im Unterricht von großer Bedeutung sind (weitere konkrete Beispiele finden Sie im Anhang I, 3).

Die Zuordnung des Antwortverhaltens zum klassischen Konditionieren darf nur als eine tendentielle aufgefaßt werden, da in neuerer Zeit respondentes Verhalten, zum Beispiel Pulsfrequenz, durch den zweiten Konditionierungstyp, das operante Konditionieren, beeinflußt werden konnte. Sie ist aber in diesem Zusammenhang vertretbar, weil dem operanten Konditionieren (siehe Teil I, Kapitel 2.3) wiederum schwerpunktmäßig andere Verhaltensweisen unterliegen als dem klassischen Konditionieren. Diese werden als *Wirkreaktionen* bezeichnet, da sie nicht ausgelöst werden, sondern auf die Umwelt einwirken und dadurch Konsequenzen aus der Umwelt nachsichziehen (siehe Kapitel 2.3). Auf weitere Zusammenhänge zwischen dem klassischen und dem operanten Konditionieren wird im Laufe des Kapitels 2.3 einzugehen sein.

Mit diesen Ausführungen zum klassischen Konditionieren wurde vor allem dargelegt, wie über diesen lerntheoretischen Ansatz Antwortverhalten *aufgebaut* oder *erlernt* werden kann. Häufig erweist sich die mit der Löschung angesprochene Dekonditionierung (Verlernen von Verhaltensweisen) als wenig wirksam. Die aus dem klassischen Konditionieren abgeleiteten Verfahren der Verhaltensmodifikation haben sich jedoch als brauchbar erwiesen, ‚abweichende Verhaltensweisen', wie Ängste etc., *gezielt abzubauen*.

Als bekanntestes Verfahren ist die *systematische Desensibilisierung* zu nennen. Dieses und andere Verfahren werden im zweiten Teil des Kurses

ausführlich behandelt. Hier erfolgen nur einige Hinweise vorab.
In einer frühen Untersuchung konnte M. C. Jones (1924) die erworbene Furcht eines Jungen vor Hasen beseitigen. Lazarus und Abramovitz (1962) konnten mit einer besonderen Variation der systematischen Desensibilisierung bei einem 14jährigen Jungen eine schwere Angst vor Hunden, bei einem 10jährigen Jungen eine extreme Angst vor Dunkelheit beheben und bei einem 8jährigen Mädchen eine Schulphobie und das Bettnässen beseitigen (zu Phobie siehe Glossar).
Kravetz und Forness (1971) behandelten einen 6 1/2 Jahre alten Jungen erfolgreich, der trotz längerem Klinikaufenthalt seine schwere Angst, mit jemandem zu sprechen, insbesondere in der Klasse, nicht verloren hatte.
Emery und Krumboltz (1967) konnten die Wirksamkeit der systematischen Desensibilisierung sowohl bei der *individuellen* als auch bei *Gruppenbehandlung* von Schülern mit Prüfungsangst zeigen.
Eine differenzierte Darstellung einiger dieser Untersuchungen erfolgt im zweiten Teil des Kurses. Dort wird auch nochmals aufgezeigt, welche Bedeutung das klassische Konditionieren und seine verhaltensändernden Verfahren für den laufenden Unterricht haben können.

Selbstkontrollaufgaben — Wiederholung

15. Ein Antwortverhalten wird aufgrund eines ____ Reizes gezeigt.
16. Einen Reiz nennt man einen — in bezug auf ein Antwortverhalten — auslösenden Reiz, wenn seine Darbietung zu einer ____ Reaktion führt.
17. Ein neutraler Reiz kann (von sich aus / von sich aus nicht) ein Antwortverhalten auslösen.
18. Ein Reiz, der ‚von Natur her‘ ein Antwortverhalten auslösen kann, heißt ____ Reiz.
19. Eine Reaktion, die von einem konditionierten Reiz ausgelöst wird, nennt man eine ____ Reaktion.
20. Eine unkonditionierte Reaktion wird nach dem geltenden Sprachgebrauch von einem ____ Reiz ausgelöst.
21. Wird ein konditionierter Reiz längere Zeit ohne den unkonditionierten Reiz dargeboten, dann ist die ____ der konditionierten Reaktion sehr wahrscheinlich.
22. / 23. Klassisches Konditionieren besteht in der Verknüpfung eines ____ und eines ____ Reizes.
24. Wenn ein neutraler und ein auslösender Reiz ____ sind, kann der früher neutrale Reiz die betreffende Reaktion allein auslösen.
25. Ein Reiz kann jeweils nur ____ auf ein bestimmtes Verhalten als neutraler, unkonditionierter bzw. konditionierter Reiz bezeichnet werden.
26. Dem klassischen Konditionieren liegen in unserem Zusammenhang vor allem ____ Reaktionen zugrunde.

Übung 2

Bitte erinnern Sie sich an Ihre letzte Unterrichtsstunde: Welche emotionalen Reaktionen konnten Sie am Verhalten Ihrer Schüler feststellen? Denken Sie an einzelne Personen!

Schreiben Sie bitte ebenfalls auf, welche emotionalen Reaktionen Sie während der letzten Unterrichtsstunde an sich selbst feststellen konnten.

Übung 3

a) Falls Sie eine(n) Schüler(in) in Ihrer Klasse haben, der/die Ihnen wegen seiner/ihrer emotionalen Reaktionen besonders auffällt, notieren Sie aufgrund Ihrer Erinnerung an vergangene Stunden, welches diese Reaktionen waren.
b) Bitte beobachten Sie diese(n) Schüler(in) in den nächsten zwei Stunden und vergleichen Sie die Ergebnisse mit Ihren Erinnerungsnotizen.
c) Überlegen Sie bitte, welche dieser emotionalen Reaktionen sehr häufig auftreten und für den/die Schüler(in) unangenehm und behindernd sein könnten.

Bitte achten Sie darauf, daß Sie die gefundenen oder verwendeten Verhaltensweisen tatsächlich als beobachtbare Verhaltensweisen ausdrücken.

Solche Beobachtungen stellen *erste* Maßnahmen und Überlegungen, die zur *Vorbereitung* einer verhaltensändernden Intervention durchzuführen sind, dar.

Lösungsvorschläge

Selbstkontrollaufgaben – Wiederholung

15. auslösenden
16. unwillkürlichen
17. von sich aus nicht
18. unkonditionierter
19. konditionierte
20. unkonditionierten
21. Löschung
22. / 23. auslösenden, neutralen oder unkonditionierten, neutralen
24. verknüpft
25. in bezug
26. emotionale

Übung 1 (im Text)

Abb. 5a Ausgangssituation: AS (Tadel) ist bereits ein auslösender Reiz, NS (Klassenarbeiten in Englisch) ist in bezug auf Angst noch ein neutraler Reiz.
Abb. 5b Erste Konditionierung: Der Reiz (Klassenarbeiten in Englisch) tritt kurz vor den Angst auslösenden Reiz (Tadel) auf und wird mit diesem verknüpft. Nach Hypothese 1 (Wortlaut siehe Kapitel 2.2) wird der ehemals neutrale Reiz zu einem konditionierten Reiz, der nach
Abb. 5c *allein* Angstreaktionen auslösen kann. Dagegen sind für dieses Kind die anderen Tätigkeiten im Fach Englisch in bezug auf Angst noch als neutrale Reize anzusehen.
Abb. 5d Zweite Konditionierung: siehe wieder Hypothese 1.
Abb. 5e: Nach diesen beiden Konditionierungen sind die Klassenarbeiten und andere Tätigkeiten des Faches Englisch in der Lage, Angstreaktionen auszulösen.
Der Konditionierungsprozeß wurde durch diese Darstellung aufgegliedert, um die *Kette möglicher Konditionierungsverläufe* aufzuzeigen und um die Einbeziehung der lerntheoretischen Hypothese in die Beschreibung eines Lernprozesses zu üben. In der Realität verlaufen Konditionierungen natürlich nicht so offensichtlich und isoliert.

Zu den Übungen 2 und 3 sind keine Lösungsvorschläge möglich.

2.3 Das operante Konditionieren

Wie soeben deutlich wurde, ist das *Auslösen* von Verhaltensweisen einer Person ein wesentliches Merkmal des klassischen Konditionierens.
Das operante Konditionieren wird dadurch charakterisiert, daß das Verhalten einer Person von den *Konsequenzen,* die dieses Verhalten nach-sich-zieht, beeinflußt wird. Eine Person *äußert* freiwillig, ohne auslösenden Reiz, ein Verhalten und *wirkt* damit auf ihre Umwelt ein. Dadurch kann die Umwelt ihrerseits veranlaßt werden, auf das eben gezeigte Verhalten zu reagieren und auf künftige Verhaltensäußerungen dieser Art einzuwirken.
Von diesem zunächst einfach erscheinenden Vorgang handelt das kommende Kapitel 2.3.
Die Abschnitte 2.3.1 bis 2.3.4 sind die einleitenden Kapitel und sind inhaltlich eng aufeinander bezogen. Sie sollten sie daher im Zusammenhang durcharbeiten und evtl. wiederholen.

2.3.1 Grundlage und Begriff des operanten Konditionierens

Nach Abschnitt 2.3.1 sollten Sie in der Lage sein:
1. einige Begriffe mit eigenen Worten zu definieren,
2. das erste Prinzip des operanten Konditionierens mit eigenen Worten wiederzugeben,
3. zu einigen Begriffen Beispiele aus Ihrem eigenen Unterricht zu nennen,
4. die Hypothesen 3, 4 und 5 über die Wirkung positiver bzw. negativer Reize möglichst wörtlich wiederzugeben.

Die Verhaltensweisen, mit denen sich das operante Konditionieren vor allem befaßt, werden als *Wirkreaktionen* oder *Wirkverhalten* bezeichnet, weil — wie gesagt — mit diesen Verhaltensweisen auf die Umwelt eingewirkt wird, Konsequenzen aus der Umwelt folgen und ebenfalls auf diese Verhaltensweisen einwirken. Statt Wirkverhalten wird auch häufig der Ausdruck *operantes Verhalten* gebraucht.
„Das meiste menschliche Verhalten besteht seinem Wesen nach in Wirkreaktionen. So kann man etwa am Verhalten bei einer Mahlzeit, beim Autofahren, beim Briefschreiben usw. kaum etwas entdecken, was an ein Antwortverhalten erinnert" (Hilgard / Bower I 1970, 130). Automatisierte Verhaltensweisen wie Autofahren dürfen nicht mit ausgelöstem Verhalten verwechselt werden; diese Reaktionen sind über operantes Konditionieren erlernt und dann automatisiert worden. Aus dem schulischen Bereich sind als Wirkreaktionen zum Beispiel zu nennen: Schüler lesen, schauen zu, stellen Fragen, beantworten sie, schreiben, äußern eigene Gedanken, widersprechen, verlassen den Platz; der Lehrer stellt Fragen, for-

dert auf, tadelt, lobt, ermuntert, schimpft, erklärt, trägt vor (siehe dazu Anhang I, 1 und 2).

Der wechselseitige Zusammenhang zwischen Einwirken von Verhaltensweisen und Konsequenzen aus der Umwelt soll an einem Beispiel verdeutlicht werden.

Ein Schüler macht zur Lösung eines Problems Vorschläge und erhält dafür vom Lehrer oder von Mitschülern Zustimmung. Das Verhalten des Schülers kann man leicht als operantes Verhalten erkennen. Der Schüler hat sich evtl. gemeldet (die Hand gehoben oder den Namen des Lehrers gerufen), hat zum anstehenden Problem gesprochen, vielleicht etwas an die Tafel geschrieben oder vor der Klasse demonstriert, d. h. er hat auf die Umwelt (Lehrer, Schüler, Tafel, Demonstrationsobjekt) eingewirkt.

Diesem Verhalten *folgen* nach diesem Beispiel Lehrer- oder Schülerverhaltensweisen, in denen Übereinstimmung ausgedrückt, gelobt wird oder mit denen der Schülerbeitrag für den weiteren Lernprozeß verwendet wird.

Man kann annehmen, daß der Schüler solche *Verhaltenskonsequenzen* als angenehm erlebt, und es ist aufgrund allgemeiner Erfahrung zu erwarten, daß er dieses Verhalten künftig häufiger zeigen wird.

Diese Annahme bringt das *erste* Prinzip des operanten Konditionierens zum Ausdruck (das zweite Prinzip siehe Kapitel 2.3.2):

Das Verhalten einer Person steht unter der Kontrolle der *Konsequenzen,* die es nachsichzieht.

Die Konsequenzen bzw. Reize, die einem Wirkverhalten folgen, können in zwei Klassen eingeteilt werden:
Positiv und negativ, aversiv wirkende Konsequenzen. Zur Vereinfachung wird künftig nur noch von positiven Reizen (S^+) und negativen, aversiven Reizen (S^-) gesprochen, gemeint sind damit immer nachfolgende Reize oder Verhaltenskonsequenzen.

Definition: Positiver Reiz (S^+)
Einen Reiz, dessen Darbietung *nach* einer gewissen Verhaltensweise die Wahrscheinlichkeit für die erneute Äußerung dieser Verhaltensweise *erhöht,* bezeichnet man als *positiven Reiz* oder *Stimulus.*

Übung

Bitte lesen Sie nochmals das vorige Beispiel durch und suchen Sie die dort genannten Verhaltenskonsequenzen, die die Erhöhung der zusammengefaßten Verhaltensweise ‚Unterrichtsteilnahme' bewirkt haben *könnten.*
Ergebnis: Übereinstimmung ausdrücken, loben, Schülerbeitrag für weiteren Lernprozeß verwenden.

Beispiele für weitere positive Reize (für Schüler und Lehrer) *können* sein: Anerkennung, Lächeln, körperlicher Kontakt, Fleißzettel, Noten, Aufmerksamkeit, Schülermitarbeit (siehe weiter Anhang I, 4 bis 7).
Die vorsichtige Formulierung ‚können' wird gebraucht, da man trotz der allgemeinen Erfahrung und Erwartung nicht von vornherein sicher sein kann, daß ein als *positiv angesehener* Reiz *tatsächlich* die Wahrscheinlichkeit für eine steigende Verhaltensrate erhöht.
Es kommt weniger darauf an, ob eine Person einen nachfolgenden Reiz nach *Ansicht des Gebers* als positiv erleben *müßte*.
Für die Entscheidung, ob ein Reiz positiv genannt werden kann, ist die Veränderung der Wahrscheinlichkeit eines Wirkverhaltens entscheidend, eine Frage, die mit Sicherheit erst nach der Darbietung des Reizes geklärt werden kann. Alle anderen Aussagen über einen Reiz sind Vermutungen, für die allerdings im Einzelfall vieles sprechen kann. Diesen Sachverhalt sollten Sie unbedingt beachten. Er dürfte nicht fremd sein; denn sicherlich hatten Sie auch schon den Eindruck, einen Schüler mit einem positiv gedachten Reiz (Lob, Bestätigung) nicht erreicht zu haben. Aber es ist die tägliche Situation des Lehrers, nicht genau zu wissen, welche Reize auf einen Schüler tatsächlich positiv wirken. Er ist dabei mehr oder weniger auf Vermutungen und seine Beobachtungen angewiesen. Klauer (1973, 20) spricht daher vom *mutmaßlichen Verstärker*. Auf Bedingungen der Wirkung nachfolgender Reize wird unter Kapitel 2.3.7 weiter eingegangen.
Die Definition des *negativen* bzw. *aversiven* Reizes ist etwas komplizierter und erfordert wiederum ein Beispiel: Jürgen betritt einen Spielplatz und wird daraufhin von Stefan geärgert. Jürgen reagiert auf diesen Reiz mit Drohungen, so daß Stefan aufhört, ihn zu ärgern. Es ist anzunehmen, daß Jürgen künftig in solchen Situationen häufiger solche Drohungen verwenden wird.
Man kann an diesem Vorfall folgendes feststellen: Jürgen versucht, den Reiz ‚Geärgertwerden' zu beseitigen oder zu beenden. Man bezeichnet deshalb diesen Reiz als negativen oder aversiven Reiz.

Definition: Negativer, aversiver Reiz (S^-)
Einen Reiz, den eine Person zu beseitigen (fliehen) oder zu vermeiden sucht, nennt man einen negativen oder aversiven Reiz.

Diese Definition ist nicht ganz streng, denn aus einer einmaligen Beobachtung kann man diesen Schluß nicht eindeutig ziehen. Daher wird häufig eine eindeutigere, aber etwas kompliziertere Definition verwendet. Man geht dabei von folgender Überlegung aus (siehe nochmals den Fall von Jürgen und Stefan).

Jürgen versucht, mit Drohen den Reiz des ‚Geärgertwerdens' zu beseitigen und hat mit diesem Verhalten Erfolg. Man kann wiederum aufgrund allgemeiner Erfahrung annehmen, daß er in solchen Situationen wieder drohen wird, d. h. die Rate dieser Verhaltensweise dürfte ansteigen. Steigt sie tatsächlich an, wird sie also nicht nur einmal, sondern immer häufiger in solchen Situationen gezeigt, dann kann man sicher daraus schließen, daß die Situation (der Reiz ‚Geärgertwerden') unangenehm, aversiv war/ist; denn Jürgen hat immer wieder versucht, dem ‚Geärgertwerden' aus dem Wege zu gehen oder es zu beenden. Dem entspricht die zweite Definition:

Definition: Negativer, aversiver Reiz (S^-)
Erhöht sich die Wahrscheinlichkeit für eine Verhaltensweise, die einen Reiz beendet oder vermeidet, nennt man diesen Reiz einen *negativen* oder *aversiven* Reiz.

Wie beim positiven Reiz gilt also auch beim aversiven Reiz, daß man über einen konkreten Reiz erst nach seiner Beseitigung und nach dem Anstieg der Rate des beseitigenden Verhaltens definitiv sagen kann, daß er ein aversiver Reiz war.
Bitte überlegen Sie, wie ein Junge im obigen Beispiel noch auf das Geärgertwerden hätte reagieren können!

Vorschläge: Weglaufen, weinen, Stefan ebenfalls ärgern, fragen, warum Stefan ihn ärgere, künftig auf einen anderen Spielplatz gehen.

Die meisten der genannten Reaktionen zielen darauf ab, die aversive Situation zu beenden. Eine Reaktion, mit der eine aversive Situation (Reiz) beendet wird, nennt man *Fluchtreaktion*. Eine Reaktion, mit der einer aversiven Situation (Reiz) von vornherein aus dem Weg gegangen wird, heißt *Vermeidungsreaktion* (zum Beispiel künftig auf einen anderen Spielplatz gehen).

Übung

Ein Kollege empfiehlt Ihnen, Schallplattenhören als positiven Reiz nach einer Reihe guter Unterrichtsstunden darzubieten, ,,das verstärkt Schüler immer". Wie beurteilen Sie diesen Rat?

Lösungsvorschlag

Die Aussage des Kollegen ist in dieser verallgemeinerten Form nicht haltbar. Es gibt wohl immer einzelne Schüler, denen Schallplattenhören keinen positiven Reiz bedeutet. Für viele Schüler dürfte Schallplattenhören jedoch ein positiver Reiz sein. Ein Lehrer kann dies zum Beispiel mit großer Sicherheit wissen, *wenn* er diesen Reiz schon mit Erfolg angewandt hat oder wenn die Schüler dies wünschen. Mit absoluter Sicherheit kann er dies jedoch erst nach (erneuter) Anwendung wissen.

Nach der Erläuterung der Begriffe ‚positiver' und ‚negativer' Reiz ist es möglich, auf die Wirkung nachfolgender Reize einzugehen und die dafür zugrunde liegenden Hypothesen wiederzugeben. Im obigen Beispiel wurde der Schluß gezogen, der Schüler werde sich künftig häufiger melden und Beiträge zum Lernprozeß machen. Diese Aussage beruht auf folgender Hypothese:

Hypothese 3: Wirkung der Darbietung positiver Reize
Wenn eine Person eine Verhaltensweise äußert, wenn kurz danach ein positiver Reiz dargeboten wird, sich dieser mehrfach wiederholt und wenn die Person an diesem Reiz Mangel hat, dann wird die Rate dieser Verhaltensweise ansteigen.

Diese Hypothese bedarf noch einiger Erläuterungen. Es ist nicht auszuschließen, daß bereits eine einmalige Konsequenz eine Verhaltensrate erhöht. Dies dürfte jedoch selten der Fall sein. Eine sehr große Zahl von Experimenten mit den verschiedensten Arten von Verhaltensweisen und Reizen zeigt, daß ein Reiz *mehrfach geboten* werden muß, damit die Verhaltensrate ansteigt. Eine weitere Bedingung besteht darin, daß eine Person in bezug auf einen Reiz *Mangel* empfindet, d. h. *depriviert* ist, damit dieser Reiz positiv wirkt. Wäre eine Person in bezug auf diesen Reiz (zum Beispiel Nahrungsmittel, Lob) gesättigt, würde er gar nicht oder aber aversiv wirken.

Einem Mißverständnis ist von vornherein noch vorzubeugen. Die Formulierung ‚Verstärkung einer Verhaltensweise' bedeutet ausführlich gesprochen folgendes: Auf eine bestimmte Verhaltensäußerung hin folgt eine Konsequenz, so daß Verhaltensäußerungen dieser Art künftig häufiger auftreten werden. Die einzelne, zuerst genannte Verhaltensäußerung jedoch ist beendet, an ihrer Intensität etc. wird durch die Konsequenz nichts mehr geändert. Die Aussage über die Verstärkung betrifft genau genommen Äußerungen von Verhaltensweisen aus einer bestimmten *Klasse von Verhaltensweisen,* der auch die zuerst genannte angehört. Die Auftretenswahrscheinlichkeit einer *Klasse von Verhaltensweisen* wird durch die positive Verstärkung verändert.

Nach Hypothese 3 wird — wie gesagt — die Häufigkeitsrate einer Klasse von Verhaltensweisen durch die Darbietung eines positiven Reizes erhöht oder auch aufrechterhalten. Folgt jedoch dieser gewohnte positive Reiz auf die Äußerung der Verhaltensweise nicht mehr, dann sinkt die Häufigkeitsrate teilweise oder ganz ab.

Dieser Vorgang wird als Löschung bezeichnet. Der behauptete Löschungsvorgang wird von folgender Hypothese, die in sehr vielen Lernexperimenten bestätigt wurde, getragen:

Hypothese 4: Löschung
Je häufiger eine Reaktion, auf die früher ein positiver Reiz folgte, geäußert wird und je häufiger der positive Reiz ausbleibt, desto seltener wird die Reaktion auftreten.

Zu dieser Hypothese ein kurzes Beispiel: Ein Lehrer lobte früher, wenn er Fragen stellte, auch Schüler, die die Antworten laut ausriefen und damit die zurückhaltenden Schüler an der Teilnahme behinderten. Um die vordrängenden Schüler etwas zurückzuhalten, ignorierte der Lehrer die Antworten von Schülern, die sie laut ausriefen, ohne aufgerufen zu sein: Der Lehrer gab keine positiven Reize (Lob) mehr. Dadurch bestand die Wahrscheinlichkeit, daß diese Schüler ihre Antworten *seltener* laut ausriefen. Die Wirkung der Beseitigung negativer Reize (siehe Beispiel ‚Jürgen auf dem Spielplatz') wird durch folgende Hypothese ausgedrückt:

Hypothese 5: Wirkung der Beseitigung oder Vermeidung aversiver Reize
Wenn eine Person eine Verhaltensweise äußert und damit ein vorhandener negativer Reiz beseitigt oder vermieden wird, dann steigt die Häufigkeit dieser Verhaltensweise an.

Abschließend sind in Verbindung mit den positiven und negativen Reizen noch zwei sehr wichtige Begriffe schon an dieser Stelle zu klären, weil dadurch die künftige Darstellung erleichtert wird. In systematischem Zusammenhang wird in Teil I, Kapitel 2.3.6 darauf nochmals eingegangen.
Eine Möglichkeit, einen positiven *Reiz* zu verwenden, besteht natürlich darin, ihn einer Person nach einer bestimmten Verhaltensweise *darzubieten*.

Definition: Positive Verstärkung
Die Darbietung eines positiven Reizes wird als positive Verstärkung oder als Bekräftigung bezeichnet.

Ein Schüler wird zum Beispiel in seinem Unterrichtsbeitrag bestätigt, Schüler geben dem Lehrer zu erkennen, daß ihnen sein Unterricht gefallen hat.
Nicht ganz so selbstverständlich ist der zweite Begriff zu verstehen. Oben wurde an einem Beispiel erarbeitet, wie ein negativer Reiz beseitigt wird. Dies wird ‚Negative Verstärkung' genannt.
Dieser Begriff ist widersprüchsvoll und ungünstig gewählt, aber er hat sich in der Literatur leider durchgesetzt. Das Adjektiv ‚negativ' bezieht sich nicht auf das Hauptwort ‚Verstärkung', sondern auf die *unangenehme*

Situation (negativer Reiz), in der sich eine Person befindet oder die ihr droht, und die durch die Wirkreaktion (zum Beispiel Drohen) beendet wird. Die Verstärkung besteht in der *Beseitigung des negativen Reizes*.

Definition: Negative Verstärkung
Die Beseitigung oder Vermeidung eines negativen Reizes oder Zustandes bezeichnet man als negative Verstärkung.

Eines ist nochmals hervorzuheben: Sowohl die positive Verstärkung als auch die negative Verstärkung führen nach Hypothese 3 bzw. 5 zur *Erhöhung der Verhaltensrate*.

Wichtig ist auch, daß eine negative Verstärkung nur aus einer negativen, unangenehmen Situation heraus eintreten kann. Zunächst muß ein aversiver Reiz ‚schon' da sein oder drohen. Das Beseitigungsverhalten wird dann verstärkt. Negative Verstärkung darf auf keinen Fall mit Strafe verwechselt werden.

Wir merken uns also:
Positive Verstärkung kommt durch Darbietung eines positiven Reizes zustande.
Negative Verstärkung kommt durch Beseitigung eines negativen Reizes zustande.
Beide Verstärkungsarten führen zum *Ansteigen* von Verhaltensraten.
Die positive Verstärkung führt zur Erhöhung der vorausgehenden Verhaltensweise.
Die negative Verstärkung führt zum Ansteigen des Beseitigungsverhaltens.

An Beispielen soll die Bedeutung der drei Hypothesen für die Erklärung und systematische Gestaltung von Lernprozessen verdeutlicht werden. Die später zu besprechenden ‚Verfahren der Verhaltensmodifikation' beruhen auf diesen (und weiteren) lerntheoretischen Hypothesen.

1. Beispiel: Ein Kind wird von seinen Eltern sehr streng erzogen. Wenn es etwas Unerlaubtes getan hat, wird es jedesmal streng bestraft. Plötzlich stellen die Eltern jedoch zu ihrem Entsetzen fest, daß ihr Kind auch lügt und seine ‚Taten' wegstreitet.
Diese Verhaltensentwicklung kann folgendermaßen erklärt werden:
Zunächst ist anzunehmen, daß die Strafen der Eltern für das Kind aversiv wirken (aversive Reize), auch dann schon, wenn es sie erwarten muß. Es versucht also, diesen aversiven Reizen von vornherein aus dem Weg zu gehen (Vermeidungsverhalten), indem es die Aufdeckung unerlaubten Tuns durch Lügen verhindert. Gelingt ihm das, wird die drohende aversive Situation vermieden und das Lügen *negativ verstärkt*. Dies dürfte nach Hypothese 5 zu häufigerem Lügen führen.

2. Beispiel: Ein Schüler beginnt, ein bestimmtes Verhalten immer häufiger zu zeigen, worauf sein Lehrer mit zornigem Schimpfen reagiert. Obwohl der Lehrer den Schüler ausschimpft, verhält sich der Junge immer häufiger so. Wie ist sein Verhalten zu verstehen?
Da der Junge trotz des allgemein als aversiv anzusehenden Reizes ‚Schimpfen' das gewisse Verhalten häufiger äußert, ist anzunehmen, daß es für ihn positiv verstär-

kend wirkt, wenn er den Lehrer ärgern kann. Nach Hypothese 3 ist zu erwarten, daß deshalb dieses Verhalten häufiger gezeigt wird.

3. Beispiel: Der Lehrer beobachtet, daß er durch Schimpfen das unerwünschte Verhalten des Jungen nicht beseitigen kann. Da ihm Hypothese 4 bekannt ist und er aufgrund von Hypothese 3 vermutet, daß er das Verhalten des Jungen durch seine Reaktion eher positiv verstärkt als es zu beseitigen, ignoriert er künftig das unerwünschte Verhalten des Jungen, um es zu *löschen.* Nach Hypothese 4 dürfte der Junge sein Verhalten *seltener zeigen,* da für ihn die positive Verstärkung ausbleibt.

Vom Lehrer aus betrachtet würde das folgendes bedeuten: Für ihn würde durch das Ignorieren (Löschungsmaßnahme) eine aversive Situation vermieden, sein Ignorieren würde *negativ verstärkt* werden und er würde bei solchen Situationen häufiger die Maßnahme des Ignorierens ergreifen.

Selbstkontrollaufgaben – Wiederholung

27. Einen positiven Reiz erkennt man daran, daß die Rate des betreffenden Verhaltens ____.
28. Verhaltensweisen, die durch operantes Konditionieren verändert werden, heißen ____.
29. Soll ein Reiz auf das Verhalten einer Person als positiver Reiz wirken, dann muß diese Person bezüglich dieses Reizes ____ sein oder ____ haben.
30. Durch die Darbietung eines ____ Reizes steigt die Häufigkeitsrate eines Verhaltens an.
31. Ein positiver Reiz ist erst ____ (vor/nach) der Darbietung eines Reizes eindeutig zu erkennen.
32. Ein Reiz gilt dann als negativ, wenn die Rate des Verhaltens, mit dem er ____ wurde, ansteigt.
33. Die Darbietung eines positiven Reizes nennt man ____.
34. Das Verhalten einer Person steht – nach dem ersten Prinzip des operanten Konditionierens – unter der Kontrolle seiner ____.
35. Wird ein aversiver Reiz beendet, dann spricht man von ____.
36. / 37. Die Häufigkeitsraten von Verhaltensweisen steigen sowohl durch ____ als auch durch ____ an.

Übungen

3. Geben Sie bitte jeweils Beispiele für operante Verhaltensweisen, die Sie und die Ihre Schüler in der letzten Unterrichtsstunde gezeigt haben.
4. Welche Reize haben Sie in der letzten Unterrichtsstunde oder in sonstigen Situationen (im Seminar, Freundes- oder Familienkreis) gegeben, von denen Sie annahmen, daß sie als positive Reize wirkten. Versuchen Sie, evtl. wörtliche Formulierungen wiederzugeben.
5. Welche vermutlich aversiv wirkenden Reize haben Sie gegeben?
6. Prüfen Sie bitte in Ihren Aufzeichnungen, ob Ihre positiv gedachten Reize eher abwechslungsreich oder eher abwechslungsarm waren.
7. Bitte denken Sie sich mögliche positive Reize aus, um Ihr Repertoire an positiven Reaktionen vielfältiger zu machen.
8. Zur Übung folgen hier nochmals Aufgaben zur Verhaltensbeschreibung.
   a) Ein Lehrer bezeichnet eine 12jährige Schülerin als *aufmerksam.*
   b) Herr B verhält sich einer unruhigen Klasse gegenüber *beherrscht.*
   c) Karl (10) wird als *motorisch überaktiv* bezeichnet.
   Bitte suchen Sie wieder jeweils fünf mögliche Verhaltensangaben.

9. Um die Darbietung positiver, verbaler Reize auf möglichst einfache Weise und ohne echten Handlungsdruck üben zu können, wurde während der Erprobung des Kurses folgendes einfache Verfahren versucht. Die beteiligten Studenten haben danach sehr engagiert geübt: Sie erhalten schriftlich eine kurze Episode aus dem Unterricht vorgelegt, in der Sie als Lehrer jetzt augenblicklich reagieren müßten. Beispiel aus dem vergangenen Training mit den Studierenden:
Bitte versuchen Sie, zu den folgenden Episoden jeweils in kurzer Folge nacheinander zwei *mutmaßliche* positive, verbale Reaktionen und schreiben Sie sie auf. Wenn Sie nacheinander alle sechs Übungen gemacht haben, lesen Sie Ihre Reaktionen nochmals durch, um sie sprachlich zu verbessern (Abwechslung) und um zu prüfen, ob sie tatsächlich positiv verstärkend sein dürften oder ob sie unnötige, evtl. aversive Elemente enthalten.
Bitte achten Sie auf folgenden Hinweis: Mit dieser Übung werden keine in jeder Situation verwendbare und generalisierbare Reaktionen trainiert. Es geht nur darum, Ihre Aufmerksamkeit auf mutmaßliche Verstärkungsmöglichkeiten zu lenken und evtl. eine gewisse Geläufigkeit und Variabilität Ihrer verbalen Reaktionen in vorgestellten Situationen zu erhöhen.
In späteren Übungen dieser Art wird zwar eine immer noch gestellte, aber doch realitätsgerechtere Situation geschaffen, in der Sie unter einem gewissen Zeitdruck reagieren müssen.
a) Georg (14) hat zwei Wochen im Unterricht gefehlt. Sie bitten eine(n) Mitschüler(in), ihm in den nächsten Tagen zu helfen, das Versäumte nachzuholen. Hanne meldet sich. Sie haben sie bisher aber eher als unzuverlässig, unpünktlich, vergeßlich beobachtet. Sie möchten ihr aber dennoch die Gelegenheit geben, Georg zu helfen. Sie sagen:
b) Karl-Heinz (11), der bisher in Diskussionen häufig seine Mitschüler unterbrach, um seine Meinung durchzusetzen, und dies anfangs noch rechtfertigte, jeder müsse reden dürfen, hat sich nach einer Aussprache, an der auch seine Mitschüler mitwirkten, dazu bereit erklärt, die Reihenfolge der Wortmeldungen einzuhalten. Sie beobachten, daß er sich fast nicht mehr beherrschen kann, er muß aber noch zwei Wortmeldungen abwarten. Wie verhalten Sie sich?
c) Ein Schüler (10) liest ein Gedicht vor. Nach drei Strophen ausdrucksvollen Vortrags fängt er in der vierten Strophe an, hastig und monoton zu lesen. Sie sagen:
d) In der Anfangsphase des Unterrichts besteht die Aufgabe der Klasse darin, alle denkbaren Lösungswege für ein Problem zu sammeln, ohne sie bereits zu beurteilen. Um das Suchverhalten der Schüler aufrechtzuerhalten, sagen sie:
e) Der Unterricht einer Berufsschulklasse beginnt um 8.00 Uhr morgens. Paul (17) kommt regelmäßig 20 bis 30 Minuten zu spät. Als Entschuldigung führt er Verschlafen an. Heute kommt er nur 5 Minuten zu spät. Sie sagen darauf:
f) Ein Schüler (18) gibt eine Antwort, die teilweise richtig ist, teilweise nicht zum Thema gehört. Auf die Frage: „Wie könnte man, analog zum Prozentsatz, das prozentuale Verhältnis von Zinsen zum gesparten Kapital bezeichnen?", sagt der Schüler: „Man bezeichnet dieses Verhältnis als Zinssatz, aber das Problem ist, daß der Zinssatz von den Banken festgelegt wird!" Sie antworten:

Lösungsvorschläge

Selbstkontrollaufgaben – Wiederholung

27. ansteigt
28. operantes oder Wirkverhalten
29. depriviert – Mangel
30. positiven
31. nach

32. beendet oder vermieden
33. positive Verstärkung
34. Konsequenzen
35. negativer Verstärkung
36. / 37. positive Verstärkung – negative Verstärkung

Übung 3

Folgende Wirkverhaltensweisen könnten gezeigt worden sein:
Lehrer: „Guten Morgen!",
eine Aufgabe vorlesen, „Ja, so habe ich mir das auch gedacht!",
ein Fenster öffnen,
einem Schüler zuhören,
einen Schüler zurechtweisen.
Schüler: „Guten Morgen" in den Bart murmeln,
einen Vorschlag für ein Unterrichtsthema machen,
mit dem Stuhl schaukeln,
Fehler des Lehrers korrigieren,
ins Heft schreiben
eine Aufgabe rechnen.

Übungen 4, 5, 6, 7

Je nach Person (Lehrer(in), Schüler(in), Freund, Vater, Mutter usw.) evtl. sehr verschieden.
Bitte vergleichen Sie mit der Liste aus Anhang I, 4 bis 7.

Übung 8

Kein Lösungsvorschlag

Übung 9

Verstärkungsübungen
a) – Es wäre schön, wenn Du ihm einmal helfen könntest. Du müßtest Dich aber dann schon längere Zeit mit ihm zusammensetzen, damit es tatsächlich klappt, denn er muß sich auf Dich verlassen können.
  – Prima, Hanne, es freut mich, daß Du Dir diese Aufgabe auferlegen möchtest. Es wird Dir sicherlich Spaß machen.
b) – Du bist gleich an der Reihe, noch etwas Geduld.
  – Karl-Heinz, gleich hast Du es geschafft.
c) – Die ersten drei Strophen waren richtig betont. Versuch die vierte auch noch so.
d) – Ja, gut, das läuft ja wie am Schnürchen.
  – Gut, nur so weiter. Die Vorschläge sind brauchbar.
e) – Guten Morgen, Paul! Freut mich. Du wirst den Anschluß gleich haben.
  – Tag Paul, wir haben gerade angefangen über . . . zu sprechen.
f) – Ja, der erste Teil war richtig, über den Zusatz müssen wir nachher noch reden.
  – Zinssatz, gut! Zum anderen kommen wir in der kommenden Stunde.

2.3.2 Diskriminative Reize

Der letzte Abschnitt beschäftigte sich mit den Konsequenzen und ihren Wirkungen auf das Verhalten. In diesem Abschnitt werden die Entwicklung und die Wirkung *vorausgehender Reize* auf das Wirkverhalten behandelt, denn auch Wirkverhalten kann auf vorausgehende Reize bezogen sein und kann von diesen beeinflußt werden. Ihre Abgrenzung zu den auslösenden Reizen und zu den positiven bzw. negativen nachfolgenden Reizen erfolgt am Schluß dieses Abschnitts.

Nach Kapitel 2.3.2 sollten Sie
1. den Begriff ‚diskriminativer Reiz' mit eigenen Worten definieren können,
2. Beispiele für diskriminative Reize aus Ihrem Unterricht nennen können,
3. die zweite grundlegende Annahme des operanten Konditionierens wiedergeben können,
4. an einem Beispiel beschreiben können, wie diskriminative Reize entstehen.

Zunächst zwei Beispiele:
Ein Lehrer fragt: „Wieviel ist 8 x 12?" Diese Frage ist für die Schüler ein Stimulus und zeigt an, ob und welche Konsequenzen folgen werden, je nachdem, wie sie auf die Frage antworten: „96", „94" oder „Ich weiß nicht". Positive Konsequenzen zeigt die Frage nur für die Antwort „96" an, negative Reize kündigt sie evtl. für die beiden anderen Reaktionen an. Dies hängt jedoch ganz davon ab, welche Bedeutung die Schüler solchen Reizen – bei bestimmten Reaktionen – beizumessen *gelernt* haben.
Eine Lehrerin ruft gewöhnlich sich meldende Schüler auf und lobt sie für richtige Antworten, während sie Schüler, die – ohne dranzusein – ihre Antworten laut ausrufen, ignoriert. Das Aufgerufenwerden zeigt an, daß eine richtige Antwort gelobt wird, dagegen zeigt das Nicht-Aufgerufenwerden an, daß eine Antwort ohne Konsequenzen bleibt.
Diese Beispiele sollen zeigen, daß bestimmte Verhaltensweisen nur unter gewissen Bedingungen zu gewissen Konsequenzen führen. Diese Bedingungen (Reize) helfen zu unterscheiden – diskriminieren –, ob und welche Konsequenzen folgen dürfte. Deshalb werden sie als *diskriminative Reize,* als *Signalreize* oder als *Hinweisreize* bezeichnet.

Definition: Diskriminativer Reiz
Diskriminative Reize zeigen an, ob und welche Konsequenzen bei einer bestimmten Reaktion zu erwarten sind.

Diskriminative Reize können für eine Reaktion ankündigen, *daß* Konsequenzen folgen dürften. Dann werden sie mit S^D bezeichnet. Sind die Konsequenzen positiv, verwendet man das Symbol S^{D+}, sind die Konsequenzen negativ, gebraucht man das Symbol S^{D-}.
Wenn eine Verhaltensweise geäußert wird, sind in dieser Situation kurz vor oder während der Verhaltensäußerung auch zahlreiche Reize gegeben, die für dieses Verhalten keinen diskriminativen Wert haben oder erlangen. Alle diese Reize werden mit $S^\triangle$ (sprich S-Delta) bezeichnet, sie kündigen keine Konsequenzen an. Das heißt nicht, daß auf eine Verhaltensäußerung in einer Situation mit bestimmten $S^\triangle$ keine Konsequenzen folgen, nur werden diese nachfolgenden Reize nicht durch alle situativen Reize angekündigt, sondern nur von ganz bestimmten. Dieses aber sind die S^{D+} oder S^{D-}. Die restlichen situativen Reize sind die $S^\triangle$, die bestimmte

Konsequenzen nicht ankündigen. Die Frage „Wieviel ist 8 x 12?" ist ein diskriminativer Reiz, der die Schüler je nach Antwort auf bestimmte Konsequenzen hinweist: Bei der Antwort „96" ist eine positive Konsequenz zu erwarten, zum Beispiel „Richtig", dann ist diese Frage ein S^{D+} für die Antwort „96"; bei der Antwort „98" ist keine positive, sondern eher eine negative Konsequenz wahrscheinlich, zum Beispiel „Falsch"; dann ist diese Frage ein S^{D-} für die Antwort „98" und jede andere Antwort. Andere Reize in dieser Situation haben keinen diskriminativen Wert, es sei denn, der Lehrer spricht mit einem bestimmten Tonfall oder er hebt den Finger als Zeichen für besondere Aufmerksamkeit. Wenn etwa zuerst die Frage „Wieviel ist 8 x 12?" gestellt wird und nach richtiger Beantwortung die Frage „Wieviel ist *aber jetzt* 8 x 14?", dann hat in diesem Zusammenhang diese Frage eine andere diskriminative Bedeutung als wenn sie so gestellt wäre: „Wieviel ist 8 x 14?", oder ohne die vorausgehende Frage (8 x 12?). Die Tatsache, daß ein Lehrer beim Stellen dieser Fragen eine Kreide in der Hand hält, daß die Sonne scheint und die Schüler in Gruppen sitzen, hat für diese Antworten keine Bedeutung; anders wäre es, wenn er wie nach alter Manier das Notenbuch in der Hand hielte.

Diese Zusammenhänge werden durch Abb. 6 verdeutlicht.

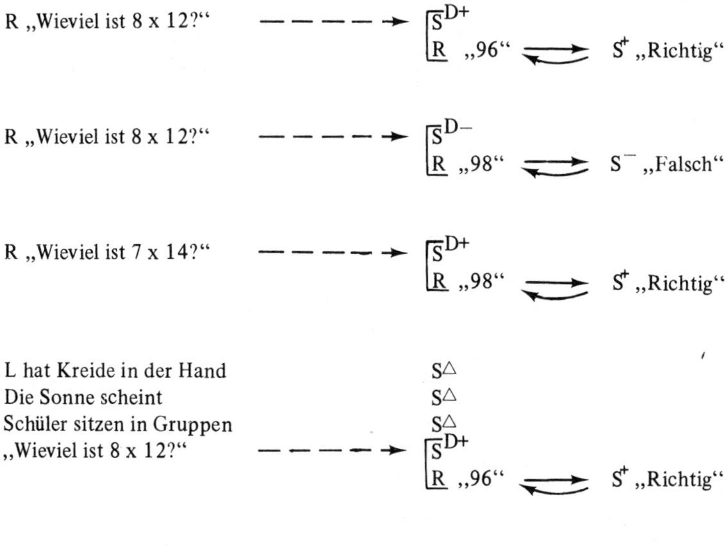

R „Wieviel ist 8 x 12?" $- - - - \rightarrow$ $\begin{bmatrix} S^{D+} \\ R \text{ „96"} \end{bmatrix} \rightleftarrows S^{+}$ „Richtig"

R „Wieviel ist 8 x 12?" $- - - - \rightarrow$ $\begin{bmatrix} S^{D-} \\ R \text{ „98"} \end{bmatrix} \rightleftarrows S^{-}$ „Falsch"

R „Wieviel ist 7 x 14?" $- - - - \rightarrow$ $\begin{bmatrix} S^{D+} \\ R \text{ „98"} \end{bmatrix} \rightleftarrows S^{+}$ „Richtig"

L hat Kreide in der Hand $\quad S^{\triangle}$
Die Sonne scheint $\quad S^{\triangle}$
Schüler sitzen in Gruppen $\quad S^{\triangle}$
„Wieviel ist 8 x 12?" $- - - - \rightarrow$ $\begin{bmatrix} S^{D+} \\ R \text{ „96"} \end{bmatrix} \rightleftarrows S^{+}$ „Richtig"

Abb. 6: Schema für diskriminative Reize

Hier kommt zum Ausdruck, daß die Frage (8 x 12?) ein diskriminativer Reiz (S^{D+}) für eine positive Konsequenz ist, *wenn* die Antwort „96" gegeben wird, dagegen auf eine negative Konsequenz hinweist (S^{D-}), *wenn* mit „98" geantwortet würde. Für die Antwort „98" ist die Frage (7 x 14?) ein S^{D+}. Die übrigen Reize (Kreide, Sonne, Gruppen) haben *für diese Antwort* keinen diskriminativen Wert. Sie können dies aber durchaus für andere Verhaltensweisen haben.

Zu den Symbolen in Kürze eine Erläuterung zur letzten Skizze: Die ersten drei Reize haben keine diskriminative Bedeutung für diese Reaktionen und werden deshalb mit $S^{\triangle}$ bezeichnet.

Die Frage besitzt diskriminativen Wert, daher geht von ihr ein gestrichelter Pfeil zum Symbol S^{D+}, die Klammer kennzeichnet die Verbindung zwischen dem S^{D+} und einer bestimmten Reaktion, die durch eine positive Konsequenz verstärkt wird (ausgezogener Pfeil).

Ein Beispiel für einen Signalreiz S^D im Unterricht beobachtete der Verfasser bei einer Lehrerin einer 1. Klasse der Grundschule: Bei Unterrichtsbeginn waren die Schüler meist sehr unruhig, sie suchten noch ihre Plätze auf, sprachen oder packten Bücher aus. Die Lehrerin erkannte wohl, daß diese Unruhe am Anfang der Stunde unvermeidlich war, daß die Kinder aber vielleicht ein Zeichen brauchten, von dem ab die gewährte Zeit zur Umstellung auf den Unterricht zu Ende sein würde. Sie schlug daher zum Signal des Unterrichtsbeginns an einen Triangel. Dieses Klingeln, das sich sicherlich angenehmer anhört als lautes Rufen, bedeutete: Verhaltensweisen, die mit dem Unterrichtsprozeß zu vereinbaren sind, werden verstärkt. Für diese Verhaltensweisen bedeutete das Klingeln ein S^{D+}. Für die Verhaltensweisen wie ‚immer noch Bücher auspacken' etc. stellt es einen S^{D-} dar. Wie in mehreren Stunden zu beobachten war, verfehlte der Signalreiz seine Wirkung nicht. Er half den Kindern tatsächlich zu unterscheiden, ab wann welches Verhalten zu positiven Konsequenzen führen würde.

Übung 1

Versuchen Sie bitte, den eben besprochenen Fall wie oben durch eine graphische Darstellung zu verdeutlichen. Die Lösung steht am Ende des Kapitels.

Weitere Beispiele für diskriminative Reize:
– Ein Lehrer vereinbart mit seiner Klasse, daß wenn einem Schüler die Lautstärke des Unterrichts zu hoch ist, er ein vereinbartes Zeichen gibt.
– Lernhilfen, etwa in Form von einfacheren Zwischen- oder Teilfragen, Hinweisen auf besondere Merkmale einer Aufgabenstellung sind als diskriminative Reize aufzufassen.
– Ein Schüler rennt durch einen Schulgang. Als er in die Nähe des Lehrerzimmers kommt, verlangsamt er das Tempo, um nach Passieren des Lehrerzimmers wieder loszustürmen.

Die verwendeten Beispiele enthielten einfache diskriminative Reize. Es gibt jedoch zahlreiche Situationen, besonders in sozialen Bereichen, in denen mehrere oder viele Reize ein diskriminatives *Reizmuster* darstellen, das

als Ganzes die Bedeutung eines S^{D+} oder S^{D-} besitzt, zum Beispiel unterscheidet sich ein Leichenschmaus in sehr vielen Stimuli von einem Festschmaus und weist für andere Verhaltensweisen auf Konsequenzen hin, als dies der Festschmaus tut. Diese Beispiele verdeutlichen folgende lerntheoretische Erkenntnis:
Durch diskriminative Reize wird eine *gewisse Kontrolle* auf das Verhalten ausgeübt. Aber die Kontrolle ist nicht vollständig. Der vorausgehende Reiz führt hier *nicht zwangsläufig* zu einem bestimmten Verhalten, er löst kein Verhalten aus. Aber durch die Darbietung eines Signalreizes *erhöht sich die Wahrscheinlichkeit für bestimmte Verhaltensweisen* mit jeweils spezifischen Konsequenzen.
Wie kommt es nun, daß ein vorausgehender Reiz eine solche Kontrolle ausüben kann, oder wie lernt man die Bedeutung vorausgehender Reize kennen?
Ein Reiz wird für ein Verhalten zu einem diskriminativen Reiz (S^{D+} bzw. S^{D-}), indem dieses Verhalten kurz nach oder in Gegenwart dieses Reizes positiv verstärkt wird und indem dieselbe Reaktion in Gegenwart anderer Reize zu negativen Konsequenzen führt. Die Wirkreaktion „96" wird bekräftigt, wenn ihr der Reize „Wieviel ist 8 x 12?" vorausgegangen ist. Ging ihr jedoch ein anderer Reiz voraus (zum Beispiel 9 x 12 oder 7 x 14), d. h. war der Reiz „Wieviel ist 8 x 12?" nicht gegeben, dann folgte in unserem Beispiel ein aversiver Reiz. Reagiert nun ein Schüler mehrmals auf den Reiz (8 x 12?) mit „96" und erfährt die Verstärkung, dann wird dieser Reiz allmählich ein Hinweis auf die Reaktion „96" mit nachfolgender positiver Verstärkung. Bei allen anderen Reizen erfolgt nach dieser Antwort keine positive Verstärkung. Eventuell führt die Antwort „98" zum aversiven Reiz „Falsch". Tritt auch diese Sequenz häufiger auf, wird diese Frage für diese Antwort zu einem Hinweis auf eine aversive Konsequenz.
Diese Vorgänge sind mit der Hypothese 1 des klassischen Konditionierens zu erklären (Wortlaut siehe oben, Kapitel 2.2). Bevor diese Reize eine Konditionierung auf bestimmte Verhaltensweisen und Konsequenzen erfuhren, waren sie als neutrale Reiz, die für diese Verhaltensweisen keine diskriminative Bedeutung hatten, zu betrachten. Sie sind deshalb zuvor mit $S^{\triangle}$ zu bezeichnen, nach der Konditionierung mit S^{D+} bzw. S^{D-}. In unserem Beispiel gibt es nur wenige vorausgehende Reize, die beim Multiplizieren für die gleiche Reaktion „96" einen S^{D+} bedeuten, zum Beispiel (6 x 16?), (4 x 24?), (3 x 32?), (2 x 48?). Bei den meisten anderen vorausgehenden Reizen, zum Beispiel (7 x 14?) oder (8 x 13?) erfolgt keine Verstärkung, diese Reize werden zu S^{D-} für die Antwort „96", (7 x 14?) ist jedoch für die Antwort „98" ein S^{D+} (siehe Abb. 6).
Nach diesen Ausführungen kann das *zweite Prinzip des operanten Konditionierens* formuliert werden:

Das Verhalten wird von den vorausgehenden oder diskriminativen Reizen kontrolliert.

Zusammenfassend kann also festgestellt werden, daß nach dem Konzept des operanten Konditionierens das Verhalten unter *zweierlei Kontrolle* steht:
a) unter der Kontrolle der nachfolgenden Reize,
b) unter der Kontrolle der vorausgehenden Reize.
Diese Reihenfolge soll ausdrücken, daß die Kontrolle der nachfolgenden Reize (Konsequenzen) im allgemeinen die stärkere ist, zumal die Entwicklung der vorausgehenden Reize über das Auftreten von Konsequenzen erfolgt.
Abschließend sind noch die Bedeutung und die Erscheinungsformen der diskriminativen Reize im Unterricht deutlicher herauszustellen.
Die diskriminativen Reize sind als ein wirksames und häufig gebrauchtes Instrument zur Steuerung des Interaktionsprozesses zwischen Lehrer und Schüler anzusehen. Aus den bisherigen Erörterungen wird deutlich geworden sein, daß sich sowohl der Lehrer als auch die Schüler zur gegenseitigen Verhaltenssteuerung dieses Mittels bedienen. In welchem Maße sie davon Gebrauch machen, hängt von der allgemeinen Auffassung über die Stellung des Lehrers im Unterrichtsprozeß ab — die Verhaltensmodifikation ermöglicht sowohl eine (evtl. wechselnde) zentrale oder weniger zentrale Stellung des Lehrers. Weiter kann dies von spezifischen Bedingungen in einer Klasse abhängen.
Jedes Verhalten und jedes Objekt stellt für bestimmte Verhaltensweisen einen diskriminativer Reiz dar, aber im Unterricht werden bestimmte standardisierte Formen häufig eingesetzt, zum Beispiel das Stellen von Fragen, die Äußerung von Bitten, Anordnungen, Drohungen, das Setzen von visuellen Zeichen. Diese Reize können in äußerst differenzierten Formen auftreten. So werden zum Beispiel ‚offene' und ‚geschlossene' Fragen gestellt, die außerdem durch einen besonderen Tonfall, durch Gestik und räumliche Nähe zum Adressaten einen spezifischen diskriminativen Wert für bestimmte Verhaltensweisen erhalten können. So können die Reaktionen eines Lehrers auf die Kritik von Schülern an seinem Unterricht sehr unterschiedlich ausfallen, je nachdem wie diese Kritik formuliert wird. Die Umkehrung in bezug auf die Reaktionen der Schüler auf diskriminative Reize des Lehrers gilt entsprechend. Auf die Formen diskriminativer Reize wird im Abschnitt über ‚Verfahren der Verhaltensmodifikation' noch ausführlicher eingegangen.
Exkurs An dieser Stelle ist auf einen sehr wichtigen Zusammenhang und gleichzeitig auf einen Unterschied zwischen dem klassischen und operanten Konditionieren hinzuweisen.

Im Rahmen des operanten Konditionierens wurden ein Begriff und die Entwicklung eines bestimmten Reizes mit einer Hypothese des klassischen Konditionierens erklärt, d. h. man benötigt zur adäquaten Beschreibung und Erklärung von Verhalten beide lerntheoretischen Ansätze. Wird eine Frage wie (8 x 12?) gestellt, kann sie zu zweierlei Reaktionen führen, wovon in diesem Abschnitt nur die operanten Reaktionen, wie „96" und „98" in Betracht gezogen wurden. Eine solche Frage kann jedoch auch respondentes Verhalten (Antwortverhalten) wie Angst oder Freude *auslösen*. Ein Schüler bekommt Angst, weil er glaubt, die Frage nicht beantworten zu können. Ein anderer Schüler freut sich, weil er die Antwort weiß. Diese beiden Verhaltensklassen sind voneinander zu trennen. Für die emotionalen Reaktionen stellt diese Frage einen auslösenden Reiz dar, dessen Kontrolle vollständig ist. Für die Wirkreaktionen „96" oder „98" stellt sie ‚nur' einen diskriminativen Reiz dar, der auf bestimmte Konsequenzen hinweist und dessen Kontrolle nicht so stark ist; denn eine Person kann darauf richtige, viele falsche oder keine Antworten mit entsprechenden Konsequenzen geben.

Die erste Erkenntnis aus dieser Darstellung ist also: Ein Reiz kann sowohl für Antwortverhalten ein auslösender als auch gleichzeitig für Wirkverhalten ein diskriminativer Reiz sein. Diese Feststellung führt zu einer weiteren wichtigen Erkenntnis: In *einem* Verhaltensverlauf finden häufig oder evtl. immer gleichzeitig operante und klassische Konditionierungsprozesse statt, oder: unser Verhalten führt gleichzeitig zu Effekten, von denen einige nach dem klassischen, andere nach dem operanten Konditionieren zu erklären sind.

Für die dritte Erkenntnis, daß eine Verhaltensweise sowohl ein S^D als auch eine Verhaltenskonsequenz, aber gleichzeitig sowohl zu Antwort- wie Wirkverhalten führen kann, ist ein kleines Beispiel nützlich.

Würde ein Leser dieses Kurses die hypothetische Reaktion äußern: „Der Kurs hilft mir viel", dann könnte diese Äußerung für den Verfasser ein konditionierter, positiver Reiz sein, der bei ihm Freude auslöst. Mit den Symbolen des klassischen Konditionierens heißt das:

CS (Der Kurs hilft mir viel) $\Longrightarrow$ CR (Freude)

Da der Verfasser daran interessiert ist zu erfahren, welche Merkmale des Kurses den Leser zu einer Feststellung veranlaßten, würde diese für den Verfasser gleichzeitig einen S^{D+} für die Äußerung „Welche Merkmale des Kurses finden Sie besonders gut?" darstellen. Die Feststellung des Lesers ist für diese Frage deshalb ein S^{D+} (plus), weil diese Frage wahrscheinlich zu weiteren Äußerungen des Lesers in Form von zusätzlichen Informationen oder positiven Feststellungen zum Kurs führen wird.

Nicht zuletzt dürfte aber diese Feststellung des Lesers einen positiven Reiz in bezug auf das globale Verhalten des Verfassers ‚Kursentwickeln' darstellen.

An dieser Stelle ist es wichtig, wieder kurz auf ein wichtiges mit diesem Kurs verfolgtes Anliegen einzugehen: auf die präventiven Möglichkeiten der Pädagogischen Verhaltensmodifikation. Die Abhängigkeit des Verhaltens von vorausgehenden Reizen, d. h. die Steuerbarkeit von Verhalten durch das Setzen bestimmter diskriminativer Reize, bietet dazu die Grundlage. Hier handelt es sich um eine Beeinflussung von Bedingungen des Verhaltens, ehe dieses geäußert wird. Das hat besondere Relevanz für abweichendes Verhalten, das durch diskriminative Reize der sozialen und gegenständlichen Umwelt angeregt werden kann. Da aber abweichendes Verhalten häufig mit unmittelbaren aversiven Konsequenzen und langfristig mit sozialer und sonstiger Benachteiligung verbunden ist, kommt der *Verhinderung* abweichenden Verhaltens besondere Bedeutung zu, indem solche diskriminative Reize, die abweichendes Verhalten fördern, beseitigt werden. Es soll also nach Möglichkeit nicht gewartet werden, bis das abweichende Verhalten geäußert worden ist („das Kind in den Brunnen gefallen ist'), um danach durch Fördermaßnahmen ‚Verhaltenskorrekturen' vorzunehmen.

Im Sinne dieses Prinzips lenkt die Verhaltensmodifikation die Aufmerksamkeit auf die Möglichkeit präventiver Maßnahmen über die Kontrolle diskriminativer Reize, die auch als Stimuluskontrolle bezeichnet wird (siehe dazu Teil II, Kapitel 4.3.1; Stimuluskontrolle umfaßt aber nicht nur präventive Maßnahmen).

Einfachste Beispiele für eine solche präventive Stimuluskontrolle sind etwa:
- man legt die Schokolade (zumindest) aus seinem Blickfeld, um ‚nicht in Versuchung zu kommen',
- der berühmte Knoten im Taschentuch soll das Vergessen einer wichtigen Sache verhindern,
- ein Lehrer bittet zwei Schüler, sich auseinanderzusetzen, damit sie weniger Gelegenheit für ihre dauernden Zwistigkeiten haben.

Auf die Problematik präventiver Maßnahmen wird in Kapitel 2.3.6.5 weiter eingegangen.

Anschließend sollten Sie kurz überprüfen, ob Sie die wichtigsten Aussagen von Kapitel 2.3.2 beherrschen, und einige Übungen machen.

Selbstkontrollfragen – Wiederholung
38. Einen Reiz, der eine Gelegenheit anzeigt, bei der eine gewisse Verhaltensweise bekräftigt wird, nennt man einen ____.
39. Tritt der Reiz ,,Wieviel ist 4 x 14?" auf, dann ist er für die Antwort ,,56" ein ____ (S^{D+} oder S^{D-}?).
40. Diskriminative Reize treten ____ (vor/nach) einer Reaktion auf.
41. Ein Reiz bleibt bezüglich einer Reaktion ein ____, wenn die Reaktion in Gegenwart dieses Reizes keine Konsequenzen nachsichzieht.
42. / 43. Eine Reaktion erhält zu einem Reiz eine Beziehung, wenn sie zum Beispiel in seiner Gegenwart oder kurz nach seinem Auftreten zu ____ oder ____ Konsequenzen führt.

44. Tritt der Reiz „Was heißt to reinforce?" auf, dann ist er für die Antwort „verstärken" ein____ (S^{D+} / S^{D-}?).
45. Der Reiz „Wie verstehen wir das Wort ‚diskriminativ'?" ist für eine Antwort ein____ (S^{D+} / S^{D-}?), wenn in ihr ‚diskriminativ' im Zusammenhang mit ‚Diskriminierung eines Außenseiters' gebraucht wird.

Übungen

2. Aus welchen beiden Richtungen erfolgt nach dem Konzept des ‚operanten Konditionierens' die Kontrolle des Verhaltens? Bitte nennen Sie beide Klassen von Reizen.
3. Bitte erinnern Sie sich an Ihre letzte Unterrichtsstunde: Mit welchen diskriminativen Reizen haben Sie den Unterricht begonnen? Bitte schreiben Sie sie auf.
4. Falls Sie mit der Wirkung oder mit der Vielfalt der dabei verwendeten diskriminativen Reize nicht zufrieden waren, welche weiteren S^D halten Sie für wirkungsvoll und praktikabel? Denken Sie evtl. an frühere Unterrichtsstunden oder an die Praxis Ihrer Kolleginnen und Kollegen.
5. Bitte überlegen Sie bei der Vorbereitung einer Ihrer nächsten Stunden (nach und nach sollten Sie dies für alle Stunden versuchen), mit welchen Signalreizen Sie den Unterricht beginnen und ihn nach Unterbrechung wiederaufnehmen könnten.
(Bei dieser Aufgabenstellung soll nicht unterstellt werden, daß Sie diese Überlegung nicht schon früher angestellt hätten. Aber vielleicht regt Sie diese Aufgabe an, dies mit neuem Nachdruck und mit den vermittelten lerntheoretischen Begriffen zu versuchen.)

Lösungsvorschläge

Selbstkontrollaufgaben – Wiederholung

38. diskriminativen Reiz
39. S^{D+}
40. vor
41. $S^{\triangle}$

42. / 43. positiven, negativen
44. S^{D+}
45. S^{D-}

Übungen

1. (siehe Text):

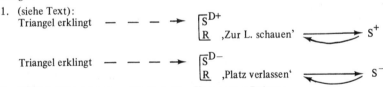

2. Mögliche Bezeichnungen für die beiden Klassen von Reizen:
   a) Diskriminative Reize, vorausgehende Reize, Hinweisreize
   b) Nachfolgende Reize, Konsequenzen, positive und negative, aversive Reize
3. Diskriminative Reize können möglicherweise folgende sein:
Ihre äußere Erscheinung: zum Beispiel freundliches, heiteres, düsteres Gesicht, hektische, ausgeglichene Bewegungen, Eile etc. beim Betreten des Klassenzimmers.
In die Hände klatschen, „Wir wollen anfangen" etc. als Zeichen für den Unterrichtsbeginn.
Zeigen von Arbeitsmaterial
Erklärungen: zum vergangenen Unterrichtsverkauf (Stoff in Erinnerung rufen), zum neuen Stoff (Lernziele angeben).

4. und 5. Sind angewandte S^{D+} oder S^{D-} nicht wirkungsvoll, dann sollten Sie andere S^D auswählen, falls Sie welche zur Verfügung haben. Ist dies nicht der Fall, beginnt die nicht leichte, aber kreative Aufgabe, neue S^D zu suchen bzw. zu entwickeln.

2.3.3 Die Kontingenz als grundlegende Einheit des operanten Konditiorens

Nachdem in den vorigen Abschnitten Verhalten (R), nachfolgende Reize (S^+, S^-) und vorausgehende Reize (S^{D+}, S^{D-}, $S^\triangle$) einzeln behandelt wurden, erfolgt jetzt die gemeinsame Betrachtung dieser Begriffe, indem sie zur grundlegenden Einheit des operanten Konditionierens und der gesamten Verhaltensmodifikation — zur sogenannten *Kontingenz* — zusammengefügt werden.

Für dieses Kapitel werden folgende Lehrziele aufgestellt:
1. Eine Definition des Begriffs ‚Kontingenz' mit eigenen Worten geben können.
2. Die Bedeutung des Begriffs ‚Kontingenz' für die Verhaltensmodifikation aufzeigen können.
3. Eine Kontingenz aus Ihrem Unterricht verbal und mit den eingeführten Symbolen ausführlich beschreiben können.
4. Eine Anzahl von Kontingenzen aus Ihrem Unterricht aufzählen können.

Nach dem obigen Beispiel ist zu erwarten, daß der Schüler nur dann gelobt wird oder Zustimmung erhält, *wenn* er sich am Unterricht beteiligt und einen guten Beitrag geleistet hat, d. h. die Konsequenz aus der Umwelt (S^+) erfolgt nur dann, *wenn* vorher ein gewisses Verhalten (R) geäußert wurde:

Wenn ein Verhalten (R) geäußert wird, *dann* treten bestimmte Konsequenzen auf.

Andererseits steigt die Wahrscheinlichkeit, daß der Schüler ein gewisses Verhalten äußert, wenn vorher ein bestimmter diskriminativer Reiz (S^D) aufgetreten ist. Der Hinweis kann in einer Aufforderung, Frage, Bitte des Lehrers oder auch in einer Betätigungsmöglichkeit bestehen, die ein Schüler sich selbst sucht, weil ihm diese Betätigung bisher Freude bereitet hat.
Dazu zwei Merksätze:

Wenn ein diskriminativer Reiz (S^{D+}) vorhanden ist, der für ein bestimmtes Verhalten auf eine positive Konsequenz hinweist, *dann* ist die Äußerung dieses Verhaltens zu erwarten.

Wenn ein diskriminativer Reiz (S^{D-}) vorhanden ist, der für ein bestimmtes Verhalten auf eine negative Konsequenz hinweist, *dann* ist die Äußerung dieses Verhaltens *nicht* zu erwarten.

Die Merksätze sind als Wenn-Dann-Beziehung formuliert, die man als Kontingenz bezeichnet.

Definition: Kontingenz
Eine Kontingenz ist eine Beziehung, in der die Bedingungen, unter denen einem gewissen Verhalten bestimmte Konsequenzen folgen, aufgegliedert sind.

Dies bedeutet im einzelnen:

- Eine Kontingenz wird als Wenn-Dann-Beziehung formuliert;
- sie dokumentiert die Verbindung *gewisser Wirkreaktionen* (R) und *bestimmter nachfolgender* Reize;
- sie enthält in der ‚Wenn'-Komponente *einzelne Bedingungen,* unter denen diese R gezeigt werden müssen, damit die nachfolgenden Reize auftreten.

Bezogen auf das früher benutzte Beispiel heißt das: Bei der Frage „Wieviel ist 8 x 12?" führt nur die Antwort „96" zum nachfolgenden Reiz „Richtig". Diese Kontingenz wird so dargestellt (Abb. 7).

R „Wieviel ist 8 x 12?" - - - - - - → $\begin{bmatrix} S^{D+} \\ R \end{bmatrix}$ „96" ⇌ S^{+} „Richtig"

Abb. 7: Schema einer Kontingenz

Das Schema drückt aus: Die Wirkreaktion R produziert - - - → einen diskriminativen Reiz S^{D+}, der anzeigt [daß die Reaktion „96" zu einem positiven Reiz S^{+} führt ⟶, der das vorausgegangene Verhalten verstärkt ⤳ .

Eine Kontingenz besteht also aus drei Elementen: Dem Wirkverhalten, das für den Adressaten einen diskriminativen Reiz S^D darstellt, der Wirkreaktion R auf den S^D hin und der Verhaltenskonsequenz.

S^{+} kann evtl. an *weitere Bedingungen* geknüpft sein: S^{+} folgt nur, wenn der Schüler sich gemeldet hatte und aufgerufen worden war oder wenn er laut genug gesprochen hat. Hat er zu leise geantwortet, dann könnte die Reaktion seiner Mitschüler sein: „Nochmal, wir haben nichts verstanden". (Auf weitere Bedingungen wird in Kapitel 2.3.7 eingegangen.)
Dies wären zwei unterschiedliche Kontingenzen, die — ausführlich formuliert — so lauten würden:

- Wenn ein Schüler auf die Frage „Wieviel ist 8 x 12?" die Antwort (R) „96" gibt und wenn er sich gemeldet hatte, aufgerufen war und laut genug gesprochen hat, dann führt diese Antwort zur Konsequenz (S^{+}) „Richtig".

- Wenn ein Schüler auf die Frage „Wieviel ist 8 x 12?" die Antwort (R) „96" gibt und wenn er sich gemeldet hatte, aufgerufen war, *aber nicht* laut genug gesprochen hat, dann führt dies zur Konsequenz (S): „Nochmal, wir haben nichts verstanden".

Kontingenzen können noch wesentlich komplexeren Inhalt haben, insbesondere wenn Verhaltensverläufe in sozialen Situationen wiedergegeben werden sollen. Kontingenzen stellen immer aus einem Zusammenhang *isolierte Ereignisse* dar, da kaum sämtliche Bedingungen und Handlungen eines gesamten Verhaltensablaufs auf einmal erfaßbar und darstellbar sind.
Abschließend noch zwei Bemerkungen zu Inhalt und Bedeutung des Begriffs ‚Kontingenz'.
Die Beispiele zur Kontingenz wurden ausführlich durchgespielt und werden später geübt, um folgendes ganz deutlich zu machen: Nach dem Konzept des operanten Konditionierens wird das Verhalten von den vorausgehenden, vor allem aber von den nachfolgenden Reizen kontrolliert; die Konsequenzen sind an bestimmte Bedingungen geknüpft. Diese beiden Aussagen werden in der Kontingenz festgehalten. Die Kontingenz bildet mit ihren Bestandteilen die *grundlegende gedankliche Einheit für die verhaltenstheoretische Diagnose* und den *Ansatzpunkt der darauffolgenden Intervention.*
Die Intervention setzt nach den zwei im operanten Konditionieren geltenden Prinzipien sowohl bei den *Konsequenzen* als auch bei den *vorausgehenden Reizen* an. Indem man diese beiden Umweltbereiche ändert, ändert man Verhalten.
Damit ist die dritte Verwendungsart des Begriffes ‚Verhaltensmodifikation' nochmals kurz umrissen (siehe bereits die Ausführungen und den Verweis am Anfang von Kapitel 1.2.1). Verhaltensmodifikation kann in diesem Zusammenhang als die ‚Analyse von Verhalten und seiner Bedingungen' und als ‚Bedingungsänderung umschrieben werden.

Selbstkontrollaufgaben – Wiederholung

46. Eine Kontingenz enthält prinzipiell _____ Bestandteile.
47. In einer Kontingenz werden die _____ , unter denen einem gewissen Verhalten bestimmte Konsequenzen folgen, aufgegliedert.
48. Eine Kontingenz enthält neben den Bestandteilen S^D und S noch das Element _____.
49. / 50. In einer Kontingenz werden die beiden Bereiche, von denen das Verhalten kontrolliert wird, erfaßt. Die beiden Bereiche lauten allgemein _____ und _____ Reize.
51. Eine Kontingenz kann kurz als _____-_____-Beziehung bezeichnet werden.
52. / 53. / 54. Eine Kontingenz besteht der Reihe nach aus folgenden Elementen: _____.
55. Die Kontingenz dient als Ausgangspunkt für eine verhaltensändernde _____ .

Übungen

1. Erinnern Sie sich bitte an drei bemerkenswerte Ereignisse in einer Ihrer vergangenen Unterrichtsstunden, in einer Seminarveranstaltung oder in Ihrem Familien- oder Freundeskreis und beschreiben Sie sie verbal.
2. Bringen Sie diese Beschreibungen jeweils in die Form von Kontingenzen, wie das in Abbildung 7 gemacht wurde.
3. Bernd, 2. Schuljahr, kommt bei der Besprechung von Aufgaben zweimal dran und hat jeweils das richtige Ergebnis. Er wird von der Lehrerin beide Male gelobt: „Ja, richtig, Bernd" und „Gut, so ist es richtig, mach' so weiter". Nehmen Sie an, die Reaktionen der Lehrerin würden für Bernd positive Reize darstellen.
   a) Welche Vermutungen können über die Auswirkungen des Lehrerverhaltens auf das Verhalten von Bernd angestellt werden? Bitte nennen Sie dazu die lerntheoretische Hypothese, auf die Sie sich beziehen.
   b) Stellen Sie den Vorgang auch mit den Symbolen als Verhaltenskontingenz dar.
   c) Welche Wirkungen dürfte Bernds Verhalten auf das Verhalten der Lehrerin haben? Bitte arbeiten Sie auch hier mit einer Hypothese!

Lösungsvorschläge

Selbstkontrollaufgaben – Wiederholung

46. drei
47. Bedingungen
48. R
49. / 50. vorausgehende, nachfolgende
51. Wenn-Dann
52. / 53. / 54. S^D, R, S
55. Intervention oder Maßnahme

Übungen

3. a) Wenn die Reaktionen für Bernd positive Reize darstellen, dann ist nach Hypothese 3 (Kapitel 2.3.1) zu erwarten, daß Bernd sich weiterhin oder noch mehr zum Unterricht melden wird.

   b)
   $$\begin{array}{lll} R \dashrightarrow & S^D & \\ L & R \rightleftarrows & S^+ \\ \text{Frage} & \text{Melden} & \text{Lob} \\ & \text{Antwortgeben} & \end{array}$$

   Das Lehrerverhalten ‚Fragestellen' bedeutet für Bernd einen diskriminativen Reiz für ‚sich melden' und ‚Antworten'. Dies führt zu einer Reaktion seitens der Lehrerin, die ihn lobt. Dieser positive Reiz verstärkt das Arbeitsverhalten von Bernd.

   c) Das Verhalten von Bernd dürfte andererseits für die Lehrerin verstärkend wirken. Aus der Falldarstellung geht nicht hervor, welches Verhalten der Lehrerin am wahrscheinlichsten verstärkt werden dürfte, evtl. hat sie sich besonders um Bernd gekümmert, um ihn zu fördern, und sie würde dann etwa in einer bestimmten Fördermaßnahme bestärkt werden.
   Dieses Beispiel soll Sie u. a. darauf aufmerksam machen, daß das Lehrerverhalten auch durch Umweltreize beeinflußt wird und daß dafür das Schülerverhalten im Unterricht eine bedeutende Quelle für positive und aversive Konsequenzen und für wirkungsvolle diskriminative Reize darstellt.

Exkurs: Verhaltensbeobachtung
Nachdem in den vorausgegangenen Kapiteln die Kontingenz und ihre Bestandteile als grundlegende Elemente der Analyse und Steuerung des Verhaltens dargestellt wurden, kann etwas ausführlicher auf die Analyse des Verhaltens eingegangen werden. In der Analyse des Verhaltens wird zunächst ein Verhalten in seiner Topographie identifiziert, anschließend wird versucht zu erheben, unter welchen Beidngungen (S^D und S^+ oder S^-) dieses Verhalten geäußert wird und wie oft es gezeigt wird.
Die wichtigste und auch naheliegende Methode zur Datenerhebung stellt dabei die *direkte Beobachtung* des Verhaltens in der *realen Situation* dar. Diese Methode setzt voraus, daß das Verhalten in einer Weise beschrieben wird, daß es unzweideutig beobachtet werden kann. Um diese Verhaltensbeschreibung zu erlernen, wurden zum Beispiel nach Kapitel 2.1 einige Übungen angeboten. In diesen Übungsaufgaben ging es darum zu beschreiben, welches Verhalten zu *sehen* wäre oder was eine Person *tut*. Die Übung diente dem Zweck, Verhaltensangaben so konkret zu machen, daß man mit ihnen entscheiden könnte, ob eine Person das gemeinte Verhalten geäußert hat oder nicht.
Ausgehend von diesem Vorbereitungsschritt ‚Verhaltensbezeichnung' sollen Sie nun einige Beobachtungsübungen in einer von Ihnen selbst zu wählenden Umgebung unternehmen. Als solche Situationen kommen zum Beispiel in Frage: der Unterricht, den Sie selbst halten, eine Seminarveranstaltung, die Sie besuchen, oder Situationen in der Familie, im Freundeskreis oder an irgendeinem Arbeitsplatz (zum Beispiel beim Ferienjob). Sie können dabei das Verhalten eines Ihrer Schüler, Kinder oder Kollegen, das Verhalten Ihres Freundes oder Partners beobachten; es kann sich dabei um erwünschtes oder auch um abweichendes Verhalten drehen.
Ihre Aufgabe und einige zu beachtende Gesichtspunkte sind folgende:
1. Beginnen Sie eine Beobachtungsübung erst, nachdem Sie sich schriftlich oder zumindest in Gedanken eine ganz konkrete Beschreibung der zu beobachtenden Verhaltensweise erarbeitet haben. Wählen Sie am Anfang möglichst kurze, einfache und nicht zu selten vorkommende Verhaltensweisen.
2. Eine anfängliche Beobachtungsaufgabe kann darin bestehen zu erfassen, wie häufig diese konkrete Verhaltensweise innerhalb bestimmter Zeiträume geäußert worden ist. Dazu brauchen Sie nicht unbedingt durchgehend zu beobachten, sondern Sie können auch in Form einer Zeitstichprobe beobachten, indem Sie in Abständen das Verhalten für einen bestimmten Zeitraum lang (zum Beispiel jeweils für 5 Minuten) beobachten. Die Dauer dieses Zeitraums können Sie danach wählen, wie häufig das betreffende Verhalten nach bisheriger grober Einschätzung auftritt. Auch sollten Sie dabei beachten, wie lange es Ihre Arbeit, Ihre augenblickliche Unterhaltung oder andere Bedingungen zulassen, daß Sie sich zur Beobachtung etwas in Ihrer Aufmerksamkeit von Ihrem Partner usw. abwenden und sich auf das zu beobachtende Verhalten konzentrieren.
3. Eine weitere Beobachtungsaufgabe besteht anschließend darin zu erfassen, welche Ereignisse unmittelbar dem zu beobachtenden Verhalten vorausgegangen

sind (S^D) und welche darauf folgen (S^+, S^-).
Dazu kann folgende Anordnung helfen:

	S^D		S^+/S^-
1.		R	
2.		R	
·			
·			
·			

Für jede Verhaltensäußerung (= R, das ja bereits feststeht) nehmen Sie eine Zeile Ihres Beobachtungsblattes und beobachten, ob das Verhalten auftritt und welcher S^D und S^+/S^- in Verbindung damit zu beobachten ist, und tragen die Art dieser Ereignisse in diese Zeile ein. Wenn Sie den Verhaltensprozeß genügend kennen und bestimmte Bedingungen (S^D, S^+/S^-) häufiger auftreten, können Sie dafür auch Symbole festlegen und einsetzen,

4. Falls Sie in der günstigen Lage sind, mit einer zweiten Person beobachten zu können, sollten Sie überprüfen, inwieweit Ihre Beobachtungen übereinstimmen. Dazu ist jede Beobachtung zu vergleichen.

Wenn Sie die Beobachtung einer Verhaltensweise einige Zeit durchgeführt haben, können Sie aufgrund der aufgezeichneten Kontingenzen jede Zeile versuchen zu analysieren, ob bestimmte diskriminative Reize oder Konsequenzen besonders häufig vorkommen. Ein solches Ergebnis könnte eine Grundlage für eine Hypothese darüber abgeben, durch welche Bedingungen eine Verhaltensweise beeinflußt wird.

In einem späteren Trainingsseminar werden diese Beobachtungsübungen darin bestehen, Videoaufzeichnungen von Lehrversuchen oder von Unterrichtsstunden der Teilnehmer zu analysieren. Dazu wird später ein Instrument zur systematischen Unterrichtsbeobachtung besprochen.

2.3.4 Verhaltensketten

Bis jetzt wurde in der Darstellung des operanten Konditionierens stets eine einzelne Episode aus einem ‚Verhaltensfluß' herausgelöst, die sogenannte dreigliedrige Kontingenz. Dieses Vorgehen ist zur Einführung in das operante Konditnieren und vor allem zu diagnostischen Zwecken notwendig und legitim, aber es sollte durch eine weitere Betrachtung ergänzt werden. Verhalten ist als ein Fluß von ineinander übergehender Kontingenzen aufzufassen. Die Verbindung von Kontingenzen werden als Verhaltensketten bezeichnet.

Nach diesem Kapitel sollten Sie in der Lage sein:
1. den Begriff ‚Verhaltenskette' mit eigenen Worten zu definieren,
2. eine Verhaltenskette von einer verbalen Beschreibung in eine symbolische Darstellung zu übersetzen,
3. Beispiele für Verhaltensketten zu nennen und einzelne Kontingenzen daran herauszustellen.

Die bisherigen Beispiele bestanden stets aus einer einzelnen Kontingenz, so etwa bei dem Fall des Jungen Bernd (vor dem Exkurs). An diesem Beispiel ist nun zu zeigen, daß der Verhaltensprozeß bisher nicht ausführlich genug dargestellt wurde und daß einige Reaktionen sowohl als diskriminative als auch als verstärkende Reize gesehen werden können. Dazu wird eine neue, detaillierte Kontingenzkette dargestellt (Abb. 8).

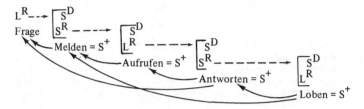

Abb. 8: Kontingenzkette

In dieser Darstellung sind es immerhin vier verschiedene Verhaltensweisen zwischen zwei Personen, die sowohl als diskriminative als auch als verstärkende Reize fungieren. Dabei wurde natürlich angenommen, daß diese Reize tatsächlich verstärkend wirken. In der realen Situation, wenn Schüler und Lehrer sich ‚verhalten', handelt es sich allerdings nur um *mutmaßlich verstärkende Reaktionen*. Mit der Frage schafft die Lehrerin für Bernd und vielleicht für noch weitere Schüler einen diskriminativen Reiz, der ihm aufgrund seiner bisherigen Unterrichtserfahrung eine positive Verstärkung ankündigt, wenn er sich meldet (und eine richtige Antwort gibt). Wird Bernd tatsächlich aufgerufen, kann dies allein schon verstärkend wirken. Der gebogene Pfeil bedeutet, daß *künftige* Verhaltensäußerungen dieser Art verstärkt und wahrscheinlich häufiger auftreten werden.

Schüler, die sich ebenfalls gemeldet hatten, aber jetzt nicht aufgerufen werden, erhalten keine Verstärkung. Schüler haben aber im Laufe der Zeit gelernt, daß sie nicht laufend drankommen können, so daß diese Nicht-Verstärkung nicht gleich zu einer Löschung zu führen braucht. Außerdem kann die Lehrerin die Bereitschaft zur Mitarbeit ‚anerkennen', auch wenn sie diese Schüler nicht aufrufen kann.

Das Aufgerufenwerden ist für Bernd gleichzeitig auch ein diskriminativer Reiz zum Sprechen und für eine Verstärkung, wenn er dabei eine richtige Antwort gibt. Die richtige Antwort ist für die Lehrerin einerseits selbst eine positive Verstärkung, andererseits ein Signal, Bernd positiv zu verstärken.

Dieses Kettenglied ist in vielen Verhaltensketten im Unterricht nicht vorhanden, weil Schüler sich nicht an diese Verhaltensregel halten, da sie wegen der geringen Größe der Gruppe nicht notwendig ist oder vom Lehrer nicht verlangt wird.

Die letzte Verhaltensweise der Kette (Lob) kann nun für andere Schüler einen diskriminativen Reiz darstellen, sich bei weiteren Fragen, die bisher als zu schwache S^D fungierten, ebenfalls zu melden. Insofern könnte die Verhaltenskette noch weiter fortgesetzt werden.
Das Beispiel dürfte deutlich gemacht haben, wie differenziert und aus wievielen Elementen bestehend ein Verhaltensprozeß tatsächlich ist. Es konnte aufgezeigt werden, daß eine Verhaltensweise unter mehreren Blickwinkeln gesehen werden kann:

Man kann sie in ihrer Topographie und als Leistung der sich verhaltenden Person betrachten, man kann aber auch ihre Funktion als verstärkenden Reiz (Konsequenz auf ein vorausgehendes Geschehen) und als diskriminativen Reiz (vorausgehender Reiz für daraus folgendes Verhalten) im Auge haben.

Beispiele für Verhaltensketten sind zum Beispiel die aus mehreren Einzelteilen bestehende Turnübung, das Aufsagen eines Gedichtes, das morgendliche Aufstehen, währenddessen viele einzelne Verhaltensweisen in mehr oder weniger loser Folge ausgeführt werden.
Weiterhin konnte mit dieser Verhaltenskette eine Interaktion zwischen zwei Personen – mit dem zusätzlichen Verhalten von Klaus zwischen mehreren Personen – dargestellt werden. Insofern können mit diesem Begriffsinstrumentarium und den lerntheoretischen Hypothesen die Dynamik in einer Gruppe und die Schwerpunkte der Interaktionslinien analysiert werden.
Wie am obigen Beispiel zu sehen war, kann eine Kette leicht ‚gestört' werden, je nachdem, welche situativen Bedingungen eingebracht werden oder auftreten (siehe etwa das Verhalten von Klaus). Redewendungen wie „Was wollte ich denn noch sagen..." oder „Wo sind wir denn vorhin stehengeblieben" sind Beispiele für unterbrochene Verhaltensketten.
Andere Ketten sind dagegen sehr festgefügt, etwa das Aufsagen des Alphabets, das mit großer Sicherheit auch bei Störversuchen erfolgen kann, das aber nicht ohne weiteres umgekehrt werden kann. In manche Ketten kann man nur schwer wieder ‚einsteigen', zum Beispiel kann es schwerfallen, mitten in einem Gedicht zu beginnen, man muß stattdessen wieder neu anfangen.
Wie kommen nun solche Ketten zustande?
Ein Lernprozeß ist meist als eine lange Kette von Lernschritten aufzufassen, deren Ausführung für den Lernenden eine Verstärkung bedeutet oder für ihn von außen eine Verstärkung bringt. Die Verbindungen kommen durch Verstärkungen einer Verhaltensweise in Gegenwart oder zeitlicher Nähe von diskriminativen Reizen zustande, zum Beispiel Melden wird kurz nach der Fragestellung durch das Aufgerufenwerden verstärkt.
Darüber hinaus hat Gagné (1970) besondere Bedingungen für das Lernen von Verhaltensketten genannt:

Zunächst muß jedes einzelne Verhaltenselement der Kette vorab erworben worden sein, bevor sie miteinander verbunden werden können.
Jeder Schritt der Kette muß in der richtigen Reihenfolge ausgeführt werden.
Der Zeitabschnitt zwischen der Ausführung einzelner Schritte darf nicht zu groß sein, damit es zu einer Verbindung kommen kann (damit zeitlich kontingente Verstärkung erfolgen kann).
Die Folge der Schritte muß häufig genug wiederholt werden, damit die Verknüpfung fester wird, bei manchen Ketten bis zur Automatisierung (bei anderen Ketten jedoch gerade nicht, dort wird eher Flexibilität / Umkehrbarkeit angestrebt).
Normale Lernprozesse im Unterricht bestehen in der Regel im Aufbau von Verhaltensketten, wobei einzelne Glieder dieser Ketten in besonderer Weise geübt werden können, wobei Verhaltensketten Verzweigungen erfahren und zu einem komplexen Gefüge entwickelt werden. Dieses Verhaltensrepertoire wird durch verschiedenste Bedingungen aktiviert und aufrechterhalten.
Modifikationen von abweichendem Verhalten bedeuten Eingriffe in (fehl-)laufende Ketten oder etwa die Beseitigung von hemmenden Bedingungen, die die Ausführung einer Verhaltenskette behindern bzw. den Aufbau von Verhaltensketten, die ‚eigentlich' bereits bestehen müßten.

Selbstkontrollfragen – Wiederholung

56. Welche Funktionen hat ein Reiz, der zwischen zwei Verhaltensweisen einer Kette fällt? Er fungiert als ____ und als ____.
57. Eine Kette muß häufig ____ werden, damit sie erhalten bleibt.
58. Verknüpfungen von Kettengliedern erfolgen durch ____.
59. / 60. Die ____ einer Kette müssen zuerst ____ worden sein, damit eine Verknüpfung erfolgen kann.

Übungen

1. Erläutern Sie bitte einer dritten Person, was man unter einer Verhaltenskette versteht und aus welchen Elementen sie besteht.
2. Ein Schüler meldet sich. Der Lehrer wendet sich ihm zu: „Ja bitte, Alex." Alex bittet den Lehrer um nochmalige Erklärung eines Problems. Nach der Erklärung fragt der Lehrer: „Verstanden, Alex?" Alex bejaht und bedankt sich, worauf der Lehrer noch antwortet: „Fragt nur immer!"
Bitte stellen Sie diesen Vorgang symbolisch dar und geben Sie an, welche Verstärkungen mutmaßlich stattgefunden haben.

Lösungsvorschläge

Selbstkontrollfragen – Wiederholung

56. diskriminativer Reiz, verstärkender Reiz
57. wiederholt oder ausgeführt
58. positive Verstärkung
59. / 60. Glieder, erlernt, erworben

Übungen

Aufgaben

1. Siehe Text. Wichtig sind vor allem (lt. Zeichnung) die Glieder R, S^D, S^+ sowie die zweifachen Funktionen von Reizen.

2.

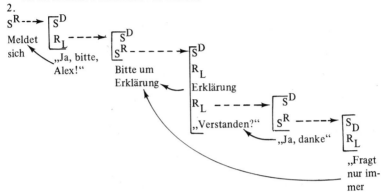

Mit den geschwungenen Pfeilen wurden mutmaßliche Verstärkungen angegeben.

2.3.5 Die Arten der Verstärker

In Abschnitt 2.3.1 wurden die nachfolgenden Reize in positive und negative Reize eingeteilt. In diesem Abschnitt werden die Konsequenzen nach weiteren Gesichtspunkten unterteilt. Dabei gelten diese Systematisierungen sowohl für positive wie für negative Reize. Allerdings stehen die positiven Stimuli aus naheliegenden Gründen im Mittelpunkt. Zur Ausdrucksweise ist noch zu sagen, daß in der Literatur gerade in diesem Zusammenhang häufig von Verstärkern gesprochen wird. Positive Reize entsprechen den positiven Verstärkern, negative Reize den negativen Verstärkern. Verstärkung und Verstärker sind unbedingt zu unterscheiden.

Nach diesem Abschnitt sollten Sie folgendes darlegen können:
1. eine Übersicht über alle behandelten Verstärkerarten anfertigen und diese definieren,
2. die Entwicklung konditionierter Verstärker lerntheoretisch beschreiben,
3. Beispiele für die Verstärkerarten aus dem Unterricht geben.

Primäre und konditionierte Verstärker

Man unterscheidet die Verhaltenskonsequenzen danach, woher sie ihre *verstärkende* Kraft erhalten haben. Die analoge Einteilung wurde auch zwischen unkonditionierten und konditionierten *auslösenden* Reizen beim klassischen Konditionieren getroffen.

Eine Reihe von Verstärkern, die sogenannten *primären Verstärker,* wirken unwillkürlich, d. h. mit einer von vornherein im Verstärker vorhandenen Kraft. Dazu zählt man zum Beispiel Nahrung, Wasser, sexuellen Kontakt, eine bestimmte Außentemperatur, Abwechslung, schmerzvolle Reize.
Ein primärer Reiz kann sehr wirkungsvoll sein, vor allem wenn ein Organismus in bezug darauf *depriviert* ist (zum Beispiel Hunger, Durst etc.).
In der Therapie wurden primäre Verstärker erfolgreich verwendet, um Kinder mit schweren physischen und sozialen (sprachlichen) Verhaltensdefiziten zu behandeln. Für den normalen Unterricht stehen nur wenige primäre Reize zur Verfügung bzw. können nur wenige akzeptiert werden. Im Vorschulunterricht und in ersten Klassen sind Süßigkeiten, Getränke und Reizabwechslungen denkbar.
Die größere Klasse von Verstärkern bilden die *konditionierten Reize.* Diese Stimuli sind zunächst im Hinblick auf bestimmte Verhaltensweisen *neutral,* sie besitzen keine verstärkende Kraft.
Konditionierte Reize erhalten ihre verstärkende Kraft, indem sie zeitlich und räumlich mit primären Reizen oder mit bereits konditionierten Reizen gekoppelt werden. Dieser Vorgang erfolgt nach dem *klassischen Kontionieren.*
Für eine Person sind zum Beispiel bestimmte Reize zunächst ohne Bedeutung. Erst durch den Konditionierungsprozeß ‚lernt' sie, auch diese (früher) neutralen Reize als verstärkend zu erleben. Dabei macht jede Person eine spezifische *Verstärkungsgeschichte* durch. Für den Lehrer besteht einerseits die Aufgabe, konditionierte Reize entwickeln zu müssen, andererseits die Möglichkeit, dies zu tun, indem er auf ein neutrales Ereignis, das er als Verstärker benutzen möchte, bereits vorhandene Verstärker unmittelbar folgen läßt, bis die verstärkende Kraft auf den neutralen Reiz übergegangen ist.
An einem Beispiel soll gezeigt werden, wie nach diesem Koppelungsvorgang der Aufbau eines konditionierten Verstärkers in Form bestimmter Unterrichtstätigkeiten vor sich gehen könnte. Eine Schülerin, die ihre Lehrerin sehr schätzt, erlernt im Kunstunterricht eine bestimmte Maltechnik, die sie bisher noch nicht kannte. Die Lehrerin verstärkt jeden Fortschritt, den die Schülerin bei der Arbeit mit der neuen Technik macht, was der Schülerin Freude bereitet. Nach Hypothese 1 ist zu erwarten, daß bei weiteren Verstärkungen durch die Lehrerin allmählich auch das Arbeiten mit der neuen Maltechnik verstärkend wirkt. Die Freude auslösende Kraft des Lehrerlobes tritt gekoppelt mit der Malbeschäftigung auf, die allmählich auch Freude auslöst, ohne daß gleichzeitig gelobt wird. Die Beschäftigung mit der neuen Maltechnik könnte als verstärkende Tätigkeit am Ende einer anderen Arbeitsphase eingesetzt werden.
Unter den konditionierten Verstärkern gibt es eine Reihe, die in vielen

Situationen und mit vielen anderen verstärkenden Reizen gepaart wurden. Diese Reize haben dadurch die Fähigkeit erworben, auf *mehrere* oder *viele Verhaltensweisen verstärkend* zu wirken und werden deshalb *generalisierte Verstärker* genannt.

Das wohl einleuchtendste Beispiel für einen generalisierten Verstärker in unserer Gesellschaft ist Geld. Geld kann normalerweise anstelle einer sehr großen Zahl verstärkender Dinge oder Ereignisse verwendet werden, so daß es verstärkende Kraft für viele Situationen und Verhaltensweisen erworben hat. Andere generalisierte Verstärker können sein:

Lob, Zuwendung verschiedener Art. Manche Reize haben dagegen *nur in bezug auf wenige* oder eine *Verhaltensweise* Verstärkereigenschaft. Diese können als *verhaltensspezifische Verstärker* bezeichnet werden. Lachen wirkt auf einen Witz hin verstärkend, auf eine Trauerrede hin wohl kaum. Auf die Frage „Wieviel ist 8 x 12?" wirkt für den Lehrer nur die Antwort „96" verstärkend.

Man kann sich also die Verstärker in eine Reihe denken, die von sehr generalisierten Verstärkern kontinuierlich übergeht bis zu ganz verhaltensspezifischen Verstärkern. Auch hier ist es wichtig zu bedenken, daß es ausschließlich von den individuellen Erfahrungen, von der *jeweiligen Verstärkungsgeschichte* abhängt, *ob* und *in welchem Maße* ein solcher Verstärker für eine Person von Bedeutung geworden ist. Deshalb kann man auch nicht im voraus eindeutig bestimmen, ob ein Reiz für eine Person einen positiven Verstärker bedeutet oder nicht. Gewißheit kann man darüber erst nach der Anwendung eines Reizes erhalten, vorher ist man auf persönliche und allgemeine Erfahrung und auf Vermutungen angewiesen.

Materielle, Aktivitäts- und soziale Verstärker

Eine weitere Einteilung von Stimuli erfolgt nach dem Inhalt des verstärkenden Reizes. Solche Stimulusklassen sind: materielle, Aktivitäts- und soziale Verstärker.

Materielle Verstärker können im schulischen Bereich sein: Spielzeug, Arbeitsmaterial, Süßigkeiten und andere Nahrungsmittel oder symbolische (d. h. zugleich generalisierte) Verstärker wie Münzen, Spielmarken, Fleißzettel, Bilder.

Die *symbolischen* Verstärker sind immer konditionierte oder erlernte Verstärker. Sie stehen *anstelle* von anderen Verstärkern und können gegen diese umgetauscht werden, zum Beispiel gegen Spielzeug, Süßigkeiten, Freizeit oder eine beliebte Tätigkeit. Sie heißen auch *Münzverstärker* oder nach der amerikanischen Bezeichnung *token*. Münzverstärker nehmen unter den materiellen Verstärkern eine Sonderstellung ein, weil sie wie der generalisierte Verstärker ‚Geld' als *Stellvertreter* für später zu erlangende Verstärker fungieren und von Empfängern für den Umtausch gesammelt werden.

Münzsysteme sind in sehr vielen Untersuchungen verwendet und erprobt worden. „Das Spektrum der Verhaltensweisen, die damit verstärkt werden konnten, reicht hierbei von Aufmerksamkeits-, Arbeits- und Lernverhalten bis zu Sozialverhalten" (Kuhlen 1973, 45). Nach MacMillan (1975, 147 f.) sind token bei Kindern vor allem bei der Behandlung stark abweichenden Verhaltens wirksam gewesen. So wurden zum Beispiel Verhaltensänderungen bei Retardierten, bei Autisten, bei hyperaktiven Kindern und bei Personen mit Störungen im Sozialverhalten, bei prädeliquenten Jugendlichen, bei schizophrenen Personen erzielt. Kuhlen (1973, 46 f.) nennt Untersuchungen, in denen sich Münzverstärker wirksamer erwiesen haben als soziale Verstärker allein. Häufig besteht das abweichende Verhalten gerade in einer mangelnden Ansprechbarkeit für soziale Kontakte, zum Beispiel bei autistischen Kindern, so daß soziale Verstärker zunächst nicht in Frage kommen können.

MacMillan empfiehlt, Münzverstärker erst dann zu verwenden, wenn sich andere Verstärkerarten (soziale Verstärker) als unwirksam erwiesen haben.

Es gehört zum erklärten Ziel eines Münzsystems, nach gegebener Zeit von Münzverstärkern auf natürliche, soziale Verstärker oder auf Tätigkeitsverstärker überzugehen. Den Übergang kann man so einrichten: Jedesmal, wenn ein Lehrer einem Schüler eine Münze gibt, richtet er seine Aufmerksamkeit auf das Kind und lobt es.

Bei den *Aktivitätsverstärkern* macht der Verstärkende Gebrauch von der Vorliebe einer Person für bestimmte Tätigkeiten. So könnten Schüler etwa gerne einen Film sehen, einem Klassenkameraden oder dem Lehrer etwas helfen wollen oder eine Geschichte hören wollen. Die Verwendung solcher Aktivitäten als Verstärker hat sich als sehr erfolgreich erwiesen. Ein Lehrer muß beobachten oder auch erfragen, welches für die gesamte Klasse oder für einen bestimmten Schüler eine bevorzugte Tätigkeit ist. Er kann dann eine beliebte Tätigkeit als Belohnung ankündigen und versprechen oder nachträglich erklären, warum einem Schüler oder der Klasse ein Aktivitätsverstärker gegeben wird. Dadurch gewährleistet er, daß die Empfänger zu verstärkendes Verhalten und Verstärker in Verbindung bringen, d. h. daß die Verstärkung *kontingent* erfolgt.

Zu den Aktivitätsverstärkern hat Premack (1965, 129) ein allgemeines Prinzip formuliert:

Ein häufiges Verhalten, das mit einem seltenen Verhalten kontingent verbunden wird, erhöht wahrscheinlich die Häufigkeit des seltenen Verhaltens.

Becker u. a. bezeichnen dieses Prinzips als ‚Grandma's Rule', das besagt, „daß jedes Verhalten, das ein Kind gerne zeigt, verwendet werden kann, um Verhalten zu verstärken, das es nicht gerne zeigt" (Becker u. a. 1971,

30). So formuliert erkennt man das Premack-Prinzip in bekannten Versuchen der eigenen oder fremden Verhaltenssteuerung: Zuerst die Arbeit, dann das Vergnügen!
Die größte und vielfältigste Gruppen stellen die *sozialen Verstärker* dar. Sie sollen auch in diesem Kurs im Mittelpunkt stehen.
Die sozialen Verstärker sind erlernte oder konditionierte Verstärker: Ein neugeborenes Kind reagiert noch nicht auf Bestätigung oder Komplimente. Dies erlernt es erst allmählich, zum Beispiel wenn die Mutter beim Füttern oder beim Reinigen und Baden dem Kind zulächelt und zutraulich zu ihm spricht. *Soziale Verstärker setzten das Verhalten einer weiteren Person voraus,* zum Beispiel des Lehrers, der einem Schüler einen sozialen Verstärker gibt.
Becker u. a. (1971, 131) haben soziale Verstärker gruppiert in lobende Worte, Gesichtsausdruck, räumliche Nähe und körperlichen Kontakt. Meist werden soziale Verstärker nicht getrennt, sondern in irgendeiner *Kombination* verwendet. So lobt eine Lehrerin einen Schüler, indem sie mit freundlichem Gesicht spricht und sich zu ihm hindreht oder auch einige Schritte auf ihn zugeht.
Sulzer und Mayer (1972) berichten von vielen Untersuchungen, in denen die verstärkende Wirkung von sozialen Stimuli auf die verschiedensten Verhaltensweisen gezeigt werden konnte: Spielverhalten, Aufmerksamkeitsverhalten von Schülern, Selbstwertgefühl; in anderen Untersuchungen waren Lernverhalten, Leistungsverhalten in den verschiedensten Fächern, Selbstkontrolle und Disziplinverhalten Gegenstand der sozialen Verstärkung.
Becker u. a. (1971, 132 f.) unterscheiden *beschreibendes* und *beurteilendes Lob.* Sie sprechen dem beschreibenden Lob mehr Glaubwürdigkeit zu, da das zu *verstärkende Verhalten* durch die Beschreibung in das Lob einbezogen wird. Ein Lehrer könnte zum Beispiel sagen: „Das hast Du gut vorgetragen, vor allem hast Du die wichtigen Worte betont." Er wird dies nicht zu einem Schüler sagen, der nicht genau dieses Verhalten gezeigt hat. Offensichtlich wird dadurch vermieden, daß der Lehrer pauschale und unglaubwürdige Verstärkungen gibt, etwa „Du bist Klasse" zu einem Schüler, der ‚eben mal' was richtig gemacht hat. Die beschreibende Verstärkung hat den Vorteil, daß dem Schüler klar wird, *für welche speziellen Merkmale des Verhaltens eine Verstärkung gegeben wird.*
Goetz und Salmonson (1972) trafen in einer Untersuchung eine ähnliche Unterscheidung. Sie verglichen den Effekt von *beschreibender* mit dem von *allgemeiner* Verstärkung. Drei Vorschulkinder wurden wegen wenig vielfältigen Formen, die sie im Staffeleimalen verwendeten, besonders gefördert, indem alle mit drei Verstärkungsarten nach einem bestimmten Plan verstärkt wurden.
Beschreibende, allgemeine und *keine Verstärkung* waren in unterschied-

licher Reihenfolge die Konsequenzen für das Malverhalten aller drei Kinder. Allgemeine Verstärker waren zum Beispiel „Gut", „Ist das nicht schön!". bei den beschreibenden Verstärkern ging der Lehrer mit einem Kommentar auf eine besondere Form, die das Kind gemalt hatte, ein: „Hier hast Du eine sehr gerade horizontale Linie gemalt" oder „Jetzt malst Du eine Zick-Zack-Linie hin und her". In der Untersuchung war beschreibende Verstärkung wirkungsvoller als allgemeine Verstärkung, die sich undifferenziert eher auf die Person richtete und keine Information über das Verhalten lieferte (siehe dazu auch die Ausführungen in Teil I, Kapitel 2.3.6.5).

Eine weitere Einteilung der Verstärker ist nach dem Gesichtspunkt möglich, ob sie extern, als isolierte Gegenstände oder Ereignisse auf bestimmtes Wirkverhalten folgen oder ob das Wirkverhalten *selbst* verstärkend wirkt. Für letzteres wird auch der Begriff der ‚intrinsischen Motivation' gebraucht, d. h. eine Tätigkeit wird ‚um ihrer selbst willen', weil ihre Ausübung nämlich selbst verstärkend wirkt, ausgeführt, ohne daß ein externer Verstärker folgt. Für die Schülerin Andrea wurden die Tätigkeiten im Fach ‚Rechnen' selbst zu positiven Verstärkern. Im obigen Beispiel wurde die Arbeit mit der neuen Maltechnik ebenfalls zu einer selbstverstärkenden, intrinsisch wirkenden Tätigkeit.

Die Frage erhebt sich jedoch nochmals, wie bestimmte Dinge / Tätigkeiten selbstverstärkend werden. Was muß der Lehrer tun, damit Schüler — wie es in der Motivationsliteratur gelegentlich heißt — etwas ‚um seiner selbst willen' erstrebt? Es ist nicht anzunehmen, daß ein Schüler für ein Unterrichtsfach oder einzelne Tätigkeiten darin quasi unkonditioniert, ohne Lernprozeß, motiviert ist und diese selbst als verstärkend erlebt. Folglich ist eine Konditionierung über bereits verstärkende und von außen zum Schüler kommende Reize notwendig. Mit dem Beispiel auf Seite 74 wurde schon aufgezeigt, wie diese Koppelung für bereits verstärkende Reize und bestimmte Unterrichtstätigkeiten vorzustellen ist. Wie Brophy (1972) aber herausstellt, kommt es nicht auf Verstärkung schlechthin an, sondern diese muß auf bestimmte Aspekte des betreffenden Verhaltens direkt bezogen werden. Wie oben bei der Behandlung der beschreibenden Verstärker bereits herausgearbeitet wurde, ist es wichtig, die Verstärkung direkt auf das Verhalten, auf spezifische Merkmale, auf Lernfortschritte, auf neu erworbene Fähigkeiten zu beziehen, indem auf diese Aspekte direkt hingewiesen wird. Korrespondierend sollte allmählich versucht werden — insbesondere bei älteren Schülern —, Verstärkungen ohne Bezug auf die verstärkende Person zu geben und sie auch nicht pauschal auf den Schüler zu richten, sondern — wie oben dargelegt wurde — durch verbale Vermittlung oder Zeigen auf das Verhalten bezogen werden.

Selbstverstärkendes Verhalten und Aktivitätsverstärker sind, je nach Gesichtspunkt, unter dem man sie betrachtet, zu unterscheiden. Bei den Aktivitätsverstärkern wird Verhalten als Mittel zur systematischen Verstärkung anderer zu erwerbender Verhaltensweisen angesehen. Selbstverstärkendes Verhalten wird unter dem Gesichtspunkt des Zielverhaltens selbst, d. h. des zu erwerbenden oder abzubauenden Verhaltens betrachtet. Als Aktivitätsverstärker können beliebige Tätigkeiten dienen, die nicht Gegenstand von aktuellen Lernprozessen zu sein brauchen und die in Form externer Verstärker als Verhaltenskonsequenzen eingesetzt werden.

Selbstkontrollaufgaben – Wiederholung

61. Nachfolgende Reize, die ihre verstärkende Kraft nicht von vornherein besitzen, werden als ____ bezeichnet.
62. Ist die verstärkende Kraft von vornherein vorhanden, spricht man von ____ .
63. Die konditionierten Verstärker waren ursprünglich ____ Reize.
64. Sie haben ihre verstärkende Kraft über einen Konditionierungsvorgang nach dem ____ Konditionieren erworben.
65. ____ Verstärker wirken auf viele oder mehrere Verhaltensweisen verstärkend.
66. Wirken Verstärker nur auf wenige oder eine Verhaltensweise verstärkend, dann handelt es sich um verhaltens ____ Verstärker.
67. / 68. / 69. Unter dem Gesichtspunkt, worin ein verstärkender Reiz besteht, kann man unterscheiden zwischen: ____ , ____ und ____ .
70. Die materiellen Verstärker werden in einer besonderen Form gebraucht: als symbolische Verstärker. Andere Bezeichnungen dafür sind: ____ oder ____ .
71. Diese Aktivitätsverstärker folgen als Konsequenzen auf ein ____ hin.
72. Die Münzverstärker haben trotz ihrer Bezeichnung gewöhnlich selbst keine verstärkende Wirkung. Sie vermitteln sie nur, indem man sie gegen gewohnte Verstärker ____ .
73. Eine Gruppe von Verstärkern besteht in bestimmten ____ , die zur Ausübung nach einem Wirkverhalten angeboten werden.
74. Die selbstverstärkenden Tätigkeiten werden in erster Linie nicht als Verhaltens*konsequenz* betrachtet, sondern stellen selbst ein bestimmtes ____ dar.
75. Verstärker können auch unter dem Gesichtspunkt betrachtet werden, ob zu ihrer Vermitttlung unbedingt eine weitere Person mitwirken muß; wenn ja, dann handelt es sich um ____ .
76. Im Unterricht werden zum Beispiel vor allem ____ verwendet.
77. / 78. / 79. Die sozialen Verstärker können als besonderes Merkmal eine zusätzliche Information über das ____ , das verstärkt werden soll, enthalten. Man spricht dann von ____ oder ____ Verstärkern.

Übungen zu Verstärkerarten

Bitte beziehen Sie in die Lösung dieser Aufgaben Ihre Ergebnisse aus den Aufgaben aus Kapitel 2.3.1 mit ein.
1. Welche Verstärker, die Sie Ihren Schülern in der letzten Unterrichtsstunde gegeben haben, können als soziale Verstärker gelten?
2. In der letzten Stunde wurden Sie Ihrerseits evtl. von den Schülern verstärkt. Welche Arten von Verstärkern haben Sie selbst erhalten?
3. Erinnern Sie sich an den letzten Elternsprechtag.
   a) Welche sozialen Verstärker haben Sie den Eltern gegeben? Denken Sie an einen besonderen Fall!

b) Falls Eltern, die Ihnen bereits bekannt sind, in der nächsten Zeit wieder in die Sprechstunde kommen sollten: Welche sozialen oder evtl. Aktivitätsverstärker könnten Sie diesen Eltern geben? Machen Sie sich dazu bitte einen Plan / Liste!
c) Durch welches Verhalten der Eltern wurden Sie selbst verstärkt?

Lösungen können bei diesen Aufgaben nicht angegeben werden. Zur Vergewisserung sollten Sie die Begriffsbestimmungen zu dem sozialen Verstärker und zu den Aktivitätsverstärkern nachlesen.
Vergleichen Sie Ihre Vorschläge mit Anhang I, 4. bis 7.

4. Bitte machen Sie zu den folgenden Episoden wieder verbale Verstärkungsübungen. Um Ihre Reaktionen noch aktueller zu machen, sollten Sie nach Möglichkeit die Übung folgendermaßen durchführen. Verwenden Sie ein Tonbandgerät, auf das Sie Ihre Reaktionen *sprechen*. Nach Beendigung einiger Übungen sollten Sie diese abhören, evtl. mitschreiben und Verbesserungen bzw. Alternativen formulieren.
Bitte gehen Sie im einzelnen so vor:
- Schalten Sie bitte das Gerät auf ‚Aufnahme'.
- *Lesen* Sie bitte vom Aufgabenblatt *eine* Situationsbeschreibung *laut* vor und antworten Sie dann *unmittelbar* darauf mit *einer* Äußerung (geben Sie bitte auch die Nummer der Situation an).
- Gehen Sie unmittelbar darauf – ohne das Band abzuschalten – zur nächsten Situationsbeschreibung über, *lesen* Sie laut vor und *reagieren Sie sofort* darauf wie oben.
- Wenn Sie alle Übungen beendet haben, hören Sie Ihre Reaktionen vom Tonband ab und *schreiben* diese auf.
- *Korrigieren* Sie diese Reaktion, falls Sie sie für verbesserungsbedürftig halten.
- *Variieren* Sie diese (korrigierte) Reaktion durch eine weitere, inhaltlich gleichwertige sprachliche Äußerung (bitte *schriftlich*).
Falls Sie die Möglichkeit haben, mit jemand zusammenzuarbeiten, sollten Sie sich die Aufgaben gegenseitig vorlesen und die Reaktionen gemeinsam besprechen.
a) Ein Schüler hat Ihnen einen Streich gespielt, indem er alle auf dem Tafelbrett liegenden Kreidestücke naß gemacht hat. Da Sie keine Kreide in Reserve haben, können Sie kaum an die Tafel schreiben und schimpfen deshalb. Sie fragen, wer das getan habe. Leo (9) meldet sich und sagt, er hätte erwartet, daß Sie das auch lustig finden, er habe Sie nicht ärgern wollen.
Sie sagen darauf:
b) Andreas (15) zeigt überdurchschnittlich gute Leistungen; er ist erfolgsgewohnt. Soeben hat er Ihnen einen Irrtum nachgewiesen und wird von seinen Klassenkameraden ‚gefeiert'.
Wie reagieren Sie?
c) Ein schüchterner Schüler (11) meldet sich. Als Sie sich ihm zuwenden, um ihn dranzunehmen, zieht er seine Hand plötzlich wieder zurück und macht ein ängstliches / verlegenes Gesicht.
Was sagen Sie darauf?
d) Mechthild (14) hat in ihrer Klassenarbeit die Lösungswege aller Rechenaufgaben gefunden, aber sie hat viele kleine Rechenfehler gemacht, so daß sie keine Aufgabe mit dem richtigen Ergebnis beendet hat.
Sie sagen:

Lösungsvorschläge

Selbstkontrollaufgaben – Wiederholung

61. konditionierte Verstärker
62. primären Verstärkern
63. neutrale
64. klassischen
65. Generalisierte
66. spezifische
67. / 68. / 69. materiellen Verstärkern, Aktivitätsverstärkern, sozialen Verstärkern
70. Münzverstärker / token
71. Wirkverhalten
72. umtauscht
73. Tätigkeiten
74. Wirkverhalten
75. soziale Verstärker
76. soziale Verstärker
77. / 78. / 79. Wirkverhalten, beschreibenden, beurteilenden

Verstärkungsübungen

(Es werden wieder zwei Reaktionsmöglichkeiten gegeben.)
a) – So, so, Du wolltest also einen Spaß machen. Da muß man aber darauf achten, welche Folgen er haben kann. Vielleicht hättest Du mir gleich 1 Stück Kreide aufsparen sollen.
– Na ja, Leo, nicht so schlimm, ich freu' mich jedenfalls, daß Du dich gemeldet hast. Geh' jetzt und besorge mir trockene Kreide.
b) – Du hast recht, da habe ich einen Fehler gemacht. Mir kann so was auch mal passieren.
– Ach ja, richtig. Da muß ich nächstes Mal besser aufpassen. Vielen Dank, Andreas.
c) – Trau' Dich nur.
– Versuch's nachher nochmal.
d) – Wirklich schade, Mechthild. Deine Aufgaben wären ohne diese Flüchtigkeitsfehler alle richtig geworden. Bitte strenge Dich nächstes Mal an, ich würde Dir gerne die übrige Leistung voll anerkennen.
– Mechthild, Deine Lösungen zeigen alle, daß Du die Aufgaben verstanden hast. Ohne Flüchtigkeitsfehler wäre das wirklich prima. Bitte bemüh' Dich darum, das müßte doch gehen.

2.3.6 Die Anwendung positiver und negativer Reize: Fünf Reiz-Reaktions-Verhältnisse

Stimuli können auf sehr unterschiedliche Weise auftreten bzw. eingesetzt werden oder anders ausgedrückt: Stimuli können in einem vielseitigen Verhältnis zu Reaktionen stehen. Auf vier Reiz-Reaktions-Verhältnisse wurde bisher schon eingegangen, eines ist hier noch einzuführen, indem alle im Zusammenhang dargestellt und zu einem, der Darbietung aversiver Reize, einige ausführliche Darlegungen gemacht werden.
Die fünf Anwendungsmöglichkeiten für Stimuli bzw. Reiz-Reaktions-Verhältnisse sind:
– Darbietung positiver Reize – positive Verstärkung
– Ausbleiben positiver Reize – Löschung
– Beseitigung / Vermeidung aversiver Reize – Negative Verstärkung
– Kontingenter Entzug positiver Reize – Strafe
– Darbietung aversiver Reize – Strafe

Nach diesen fünf Abschnitten müßten Sie in der Lage sein:
1. die fünf Anwendungsmöglichkeiten zu beschreiben,
2. die fünf Anwendungsmöglichkeiten voneinander zu unterscheiden,
3. die spezifischen Auswirkungen auf Verhaltensweisen zu beschreiben,
4. die genannten Bedingungen und ihre Wirkung im Zusammenhang mit den Anwendungsarten zu nennen und zu beurteilen,
5. für jede Anwendungsart ein Beispiel aus Ihrem Unterricht zu nennen und den vermutlichen Einfluß auf das Verhalten zu prognostizieren.

2.3.6.1 Darbietung positiver Reize

Auf die Darbietung positiver Reize wurde eben bei der Einleitung zum operanten Konditionieren schon eingegangen.

Definition: Positive Verstärkung
Die Darbietung eines positiven Reizes wird als positive Verstärkung oder als Bekräftigung bezeichnet.

Die positive Verstärkung bewirkt die *Erhöhung* oder *Erhaltung* einer Verhaltensrate. Die Erhöhung tritt selten mit einer einmaligen positiven Verstärkung auf. Wenn ein Schüler aus Schüchternheit bisher wenig am Unterricht teilgenommen, dann jedoch einmal zur Lösung eines Problems beigetragen hat, so ist mit einer einmaligen Verstärkung nicht gesichert, daß er seine Zurückhaltung schon überwunden hat. Der positive Reiz dürfte also erst eine nachhaltige Wirkung auf die Verhaltensweise ‚sich melden' ausüben, wenn er mehrmals auf diese Verhaltensweise gefolgt ist.
Beim Verstärken ist grundsätzlich darauf zu achten, daß der positive Reiz zeitlich *unmittelbar* nach dem Wirkverhalten gegeben wird. Ein Lehrer sollte also grundsätzlich gleich, nachdem ein Schüler ein erwünschtes Verhalten gezeigt hat, den positiven Reiz (zum Beispiel Bestätigung, verbales Lob, Lächeln, Kopfnicken) geben. Ideal erfolgt die Verstärkung, wenn sie zum Beispiel in der Beherrschung einer eben ausgeführten Tätigkeit besteht, wenn also das Wirkverhalten selbst verstärkend wirkt.
Ist eine sofortige Bekräftigung nicht möglich, etwa weil der Lehrer einen Schüler nicht unterbrechen will, dann kann die Verbindung zwischen dem zu verstärkenden Verhalten und dem Verstärkungsreiz auch durch eine kurze *Erläuterung* hergestellt werden, zum Beispiel „Die Art, wie du vorhin bei ‚father' das ‚th' ausgesprochen hast, war richtig".

Selbstkontrollfragen – Wiederholung
80. Die Darbietung eines positiven Reizes nennt man ____.
81. Ein positiver Reiz sollte ____ nach dem Wirkverhalten gegeben werden.

82. / 83. Die Wirkung der positiven Verstärkung besteht in der ____ bzw. ____ der Verhaltenshäufigkeit.
84. Erfolgt die Verstärkung durch die Ausübung des Wirkverhaltens selbst, dann spricht man von einem ____Verhalten.

Aufgaben

1. Verstärkungsübungen
Bei den folgenden Übungen sollten Sie unter anderem darauf achten, auch bei nicht ganz zufriedenstellenden Antworten und Verhaltensweisen den positiven Aspekt zu beachten und, wenn möglich, auf den fehlerhaften Teil einer Antwort sachlich einzugehen bzw. unerwünschte Verhaltensaspekte zu ignorieren. Wichtig ist auf jeden Fall, nicht aversiv zu reagieren oder positive Verhaltensansätze unbeachtet zu lassen.
a) Theresa (9) zeigt ihre Zeichnung, die recht gut ausgefallen und nach Meinung der Schülerin fertig ist. Sie bemerken allerdings, daß der Mond etwas mit der schwarzen Farbe des Himmels verschwommen ist und er deshalb nicht so leuchtet, wie das nach der Aufgabenstellung vorgesehen ist.
Sie sagen darauf:
b) Sexta, Anfangsunterricht in Englisch; die Schüler lernen die Aussprache des ‚th' (the, that). Rainer sprach bisher immer ein stimmloses ‚s'. Soeben zeigte er Ansätze einer richtigen Aussprache.
Sie sagen darauf:
c) Sie haben mit Peter (6), der extrem unruhig auf dem Stuhl sitzt und viel mit seinem Nachbarn redet, eine Vereinbarung getroffen, daß er für jede 10 Minuten Stillsitzen eine Münze erhält. Soeben sind 10 Minuten vorbei, in denen er ruhig saß und nicht mit dem Nachbarn redete. Sie geben ihm die Münze und sagen:
d) Eine Tischgruppe (7) hat so viele Münzen erworben, daß sie die vereinbarte Belohnung eintauschen darf. Als Belohnung wählen sie: eine Schallplatte auswählen und der Klasse vorspielen. 15 Minuten vor Ende der Stunde sagen Sie daher zu den Schülern dieser Tischgruppe:
e) Kunstunterricht: Jan (10) kann nur extrem kurze Zeiten an einer Arbeit sitzen, ehe er abbricht, für einige Zeit unterbricht etc. Dadurch wird er mit seinen Arbeiten kaum fertig. Sie haben beobachtet, daß er in der letzten Zeit nicht länger als 3 Minuten durchhalten konnte. Soeben beobachten Sie, daß er schon 5 Minuten an seiner Arbeit sitzt. Was tun Sie?

2. Fallbearbeitung
a) Bitte suchen Sie in Ihrer Klasse einen Schüler / Schülerin, dem/der Sie durch besondere Förderung helfen müssen, indem Sie ihn/sie besonders intensiv positiv verstärken. Die Verstärkung kann sich auf ein besonderes Leistungsverhalten beziehen (etwa bei einer speziellen Lernschwierigkeit) oder auf ein Disziplinverhalten (bei Disziplinschwierigkeiten).
b) Beschreiben Sie das problematische Verhalten möglichst genau und beobachten Sie anschließend etwa zwei bis drei Stunden lang, wie häufig dieses Verhalten geäußert wird und wie Sie bisher darauf reagiert haben.
c) Überlegen Sie nach der Verhaltensbeobachtung, worin das Zielverhalten ihres Förderversuchs bestehen soll und beschreiben Sie auch möglichst genau, wie der Schüler oder die Schülerin sich verhalten müßte, wenn er dieses Zielverhalten erreicht hätte.
d) Versuchen Sie anschließend, mit mutmaßlichen Verstärkern auf alle Ansätze und Versuche des Schülers / der Schülerin, das erwünschte Verhalten zu äußern, einzugehen. Lassen Sie möglichst keine Gelegenheit für eine Verstärkung aus.

Versuchen Sie gleichzeitig, alle unerwünschten Verhaltensäußerungen der von Ihnen gewählten Art zu ignorieren, indem Sie nicht mehr ermahnend, tadelnd oder begründend darauf eingehen (wenn es sich um Disziplinverhalten handelt) und indem Sie Fehler an einer unbefriedigenden Antwort – ohne emotionale Reaktion des Ärgers oder der Enttäuschung – sachlich zu besprechen. Bei Lernschwierigkeiten sollten Sie auch die Bereitschaft und Bemühungen des Schülers / der Schülerin anerkennen und ihm/ihr bei Mißerfolgen Mut machen.

c) Bitte beobachten Sie während und nach Ihren gezielten Bemühungen zur positiven Verstärkung das betroffene Verhalten und prüfen Sie, ob eine Veränderung in diesem Verhaltensbereich festzustellen ist.

Lösungsvorschläge

Selbstkontrollfragen – Wiederholung

80. positive Verstärkung
81. unmittelbar

82 / 83. Erhöhung, Erhaltung
84. selbstverstärkenden

Übung

a) – Ja, das Bild ist fast fertig. Der Mond muß noch etwas stärker leuchten, dann wirkt das Bild noch schöner.
   – Gut, Theresa, Du hast das Thema erfaßt. Ich glaube, daß aber der Mond noch schöner und kräftiger leuchten sollte. Versuch' das bitte noch, dann ist das Bild wunderbar.

b) – Prima, jetzt machst Du Fortschritte, übe in der Richtung weiter, dann wird Deine Aussprache vollkommen.
   – Jawohl, jetzt kommst Du dem richtigen ‚th' schon näher, mach' nur so weiter.

c) – Das war ganz toll. 5 Minuten lang hast Du tapfer durchgehalten. Versuch's nur weiter so.
   – Prima, Peter, 5 Minuten sind geschafft. Halte nur weiter durch.

d) – Mit Euren guten Beiträgen habt Ihr Euch jetzt genügend Münzen erworben. Das finde ich prima. Nun wählt Euch die vereinbarte Schallplatte aus. Ich glaube, die Klasse freut sich auch schon darauf.
   – So, nun dürft Ihr der Klasse die vereinbarte Schallplatte vorspielen. (An die Klasse gewandt) Die haben sehr gut gearbeitet und ihre Münzen beisammen. Ich freu' mich auch schon auf die Schallplatte.

e) – Zu Jan hingehen und leise sagen: Jan, Du bist schon weit gekommen, wie machst Du jetzt weiter?
   – Zu Jan hingehen und leise sagen: Deine Arbeit macht Fortschritte. Heute arbeitest Du gut.

Die Verstärkung sollte hier nicht erst kommen, wenn Jan – auch nach längerem Intervall als sonst – abbricht. Möglich wäre es, in seiner Nähe abzuwarten, ob er evtl. Anzeichen für ‚Arbeitsmüdigkeit' zeigt und ihn dann zu ermuntern.
Lösungsvorschläge für Übung 2 können keine gemacht werden.

2.3.6.2 Beseitigung, Vermeidung aversiver Reize – Negative Verstärkung

Dieser Begriff wurde unter 2.3.1 bei der Definition des aversiven Reizes schon kurz behandelt.

Definition: Negative Verstärkung
Die Beseitigung oder Vermeidung eines negativen Reizes oder Zustandes bezeichnet man als *negative Verstärkung.*

Damit eine negative Verstärkung stattfinden kann, muß vorher bereits ein aversiver Reiz gegeben worden sein oder eine Person muß damit bedroht worden sein. Die negative Verstärkung ist dann darin zu sehen, daß das Wirkverhalten, mit dem der negative Reiz beseitigt oder gemieden worden ist, verstärkt wird. Die Wirkung besteht in der Erhöhung der Rate dieses Flucht- oder Vermeidungsverhaltens (siehe dazu Hypothese 5, Kapitel 2.3.1).
Zwei Beispiele aus dem Unterricht sollen die negative Verstärkung nochmals verdeutlichen.

Ein Schüler, der im Sportunterricht erfolglos ist und deshalb häufig ausgelacht wird, versucht, sich in der Wartereihe vor dem Sportgerät immer wieder nach hinten zu schmuggeln oder Krankheit vorzutäuschen, um nicht dranzukommen bzw. nicht in die Sportstunde gehen zu müssen.

Gerhard, der sich nicht vorbereitet hat und deshalb nicht drankommen möchte, versucht, den direkten Blickkontakt mit dem Lehrer zu vermeiden, um nicht auf sich aufmerksam zu machen, d. h. um jetzt nicht in die unangenehme Situation des Aufgerufenwerdens zu kommen. Gelingen diese Strategien, werden sie künftig häufiger angewendet werden.

Positive und negative Verstärkung führen zur Erhöhung von Verhaltensraten. Jedoch ist die negative Verstärkung in sehr vielen Situationen ‚nur' zur Erklärung on Flucht- oder Vermeidungsverhalten brauchbar (siehe die obigen Beispiele), während die positive Verstärkung gezielt zum Aufbau erwünschten Verhaltens eingesetzt wird.

Selbstkontrollaufgaben – Wiederholung
85. Die Beendigung eines aversiven Reizes führt zu einer _____ .
86. Damit es zu einer negativen Verstärkung kommen kann, muß zuvor ein _____ Reiz gegeben worden sein.
87. Der Teil ‚negative' (bei negative Verstärkung) bezieht sich auf den _____ , der durch ein Wirkverhalten beseitigt wird.
88. Ein Verhalten, das einen negativen Reiz beendet, wird wahrscheinlich _____ gezeigt werden.
89. Geht jemand einem aversiven Reiz von vornherein aus dem Wege, dann bezeichnet man dieses Verhalten als _____ .
90. Bei der positiven Verstärkung steigt das Verhalten, auf das der positive Reiz _____ .
91. Durch positive und negative Verstärkung werden jeweils Verhaltensraten _____ .
92 Die Verhaltensklasse, mit der man einen vorhandenen Reiz *beseitigt*, heißt _____ .
93. Bei der negativen Verstärkung steigt das Verhalten an, das einen aversiven Reiz _____ hat.

Lösungsvorschläge

Selbstkontrollaufgaben – Wiederholung

85. negativen Verstärkung
86. aversiver / negativer
87. Reiz
88. häufiger
89. Vermeidungsverhalten
90. folgt
91. erhöht
92. Fluchtverhalten
93. beendet / gemieden

2.3.6.3 Ausbleiben positiver Reize – Löschung

Durch positive und negative Verstärkungen werden Kontingenzen aufgebaut, die Häufigkeit des Verhaltens wird erhöht bzw. aufrechterhalten. Bleibt der Reiz, der ein Verhalten bisher kontrollierte, aus, dann sinkt die Häufigkeitsrate dieses Verhaltens allmählich ab und geht *auf ihr früheres Häufigkeitsniveau* (bevor es positiv verstärkt worden war) zurück (siehe Hypothese 4, in Kapitel 2.3.1). Man spricht also auch dann von ‚Löschung‘, wenn die Verhaltensrate nicht auf Null sinkt oder sinken soll.

Beispiel: Der Lehrer des mehrfach erwähnten ‚schüchternen' Schülers versage ihm, weil er ihn anderwärts sehr geärgert hat, die Zustimmung für seine zunehmend bessere Mitarbeit. Man kann sicher annehmen, daß der Schüler wieder zu seinem früheren schüchternen Verhalten zurückkehren wird.
Seine angestiegene Verhaltensrate (mehr melden, antworten etc.) würde wieder abnehmen, weil die positiven Konsequenzen, die das Ansteigen der Verhaltensrate bewirkten, jetzt fehlen.

Man darf allerdings nicht annehmen, daß die Löschung immer und schnell erfolgt, sondern in einzelnen Fällen gar nicht erfolgt oder eine Reaktion beim Vorenthalten der Verstärkung sehr widerstandsfähig ist. Das Ausbleiben gewohnter positiver Reize kann bei der betroffenen Person auch zu *emotionalen Reaktionen* führen und als Strafe empfunden werden.
In experimentellen Versuchen konnte häufig ein überraschender Verlauf der Änderung der Häufigkeitsrate aufgrund von Löschung festgestellt werden: Die Häufigkeitsrate *stieg zu Beginn* des Vorenthaltens der Verstärkung zunächst an und ging erst nach einiger Zeit allmählich zurück. Dieses Phänomen ist damit zu erklären, daß eine Person versucht, die ausbleibende Bekräftigung durch wiederholte Verhaltensäußerungen doch noch zu erhalten. Erst nach vergeblichen Versuchen fällt dann die Häufigkeitsrate ab. Diesen Aspekt sollte man in der Praxis unbedingt beachten, damit man diese Maßnahme wegen angeblicher Verschlimmerung des Problems nicht vorzeitig abbricht. Für den Unterricht ist die Löschung zum Beispiel von zweierlei Bedeutung. Folgen auf erwünschtes Verhalten, wie Unterrichtsteilnahme, Aufgabenlösen, nicht die gewohnten positiven Reize, besteht die Gefahr, daß diese Verhaltensweisen seltener gezeigt wer-

den. Lernfortschritte können also laufend durch Löschung gefährdet sein. Andererseits können auch unerwünschte Verhaltensweisen der Löschung unterliegen, wenn es gelingt, die kontrollierenden Verhaltenskonsequenzen zu beseitigen. Diese können zum Beispiel sowohl im Verhalten des Lehrers als auch der Mitschüler liegen. Ein besonderer Fall ist gegeben, wenn ein abweichendes Verhalten *selbstverstärkend* wirkt. Aus einer Reihe von Gründen begnügt man sich in der Praxis jedoch nicht allein mit der Löschung (zum Beispiel wegen zu großer Widerstandsfähigkeit des Verhaltens gegen Löschung). Man kombiniert daher mehrere Verfahren. Ein weiterer Grund für die kombinierte Anwendung liegt darin, daß durch Löschung allein nicht gezeigt würde, welches Verhalten erwünscht ist.

Im Hinblick auf die dreigliedrige Kontingenz betrifft die Löschung die Beseitigung der nachfolgenden positiven Reize. Verhalten kann jedoch auch reduziert werden, indem man die für die Äußerung einer Verhaltensweise relevanten Signalreize nicht mehr darbietet. Diese Möglichkeit fällt nicht unter den Begriff ‚Löschung‘, sie gehört zum Verfahren der ‚Stimulus- oder Reizkontrolle‘, das später behandelt wird.

Selbstkontrollfragen – Wiederholung

94. Löschung besteht im ____ der kontrollierenden positiven Reize.
95. / 96. Sowohl ____ als auch ____Verhalten werden beim Ausbleiben der kontrollierenden positiven Reize gelöscht.
97. Die Wirkung der Löschung besteht prinzipiell im ____ der Verhaltensrate.
98. Ein typischer Verlauf bei der Löschung einer Verhaltensweise besteht im vorübergehenden ____ der Verhaltensrate.
99. Löschung kann bei der betroffenen Person evtl. ____ empfunden werden.
100. Da Verhaltensweisen gegen Löschung gelegentlich widerstandsfähig sind, wird Löschung meist mit anderen Verfahren ____.

Lösungsvorschläge

Selbstkontrollfragen – Wiederholung

94. Ausbleiben
95. / 96. erwünschtes, unerwünschtes
97. Sinken
98. Anstieg
99. aversiv oder als Strafe oder unangenehm
100. gemeinsam angewendet, kombiniert

2.3.6.4 Kontingenter Entzug positiver Reize – Strafe

Ein positiver Reiz kann auch unter anderen Bedingungen als bei der Löschung vorenthalten werden. Dort wird der positive Reiz (S^+), der *bisher* die Häufigkeitsrate von R kontrollierte, nicht mehr dargeboten, wenn R gezeigt wird. Beim kontingenten Entzug *steht der vorenthaltene positive Reiz zunächst in keiner Beziehung zum Verhalten, auf das hin er dann*

vorenthalten wird. Alle kennen den Fall, in dem ein Kind nicht im Freien spielen darf, weil es die Hausaufgaben nicht gemacht hat. Das Kind zeigte ein unerwünschtes Verhalten, das beseitigt werden soll, indem man ihm *in unmittelbarem Zusammenhang* damit einen generalisierten, positiven Reiz wegnimmt, vorenthält oder indem ein angenehmer Zustand beendet wird.
Löschung und kontingenter Entzug positiver Reize unterscheiden sich also in folgendem:
Bei der Löschung wird eine *bestehende Kontingenz aufgelöst,* während beim kontingenten Entzug eine *neue Kontingenz aufgebaut* wird: „Weil Du Deine Hausaufgaben nicht gemacht hast, darfst Du nicht mehr draußen spielen."

Definition: Kontentinger Entzug
Wird auf die Äußerung einer Verhaltensweise hin ein positiver Reiz unmittelbar darauf entzogen, so daß eine neue Reaktions-Reiz-Beziehung aufgebaut wird, dann spricht man von kontingentem Entzug positiver Reize. Der kontingente Entzug positiver Reize bewirkt wie die Löschung eine Senkung der Verhaltensrate.

Man kann zwei Arten dieses Entzuges unterscheiden.

Eine Person wird wegen eines unerwünschten Verhaltens aus einer Umgebung, die ihr Verstärkungen bietet, herausgenommen.

Diese Form bezeichnet man mit *time-out* (MacMillan 1975, 75 f., 167 ff.) oder als *sozialen Ausschluß* (Schulze 1973, 101 – 103). Ein Lehrer schickt einen Schüler in die Ecke, so daß dieser weniger Kontakt mit Klassenkameraden oder dem Lehrer hat und ihm somit Möglichkeiten, Verstärkungen zu erhalten, vorübergehend verwehrt sind.

Eine bestimmte Form des Entzugs besteht darin, eine bestimmte Menge oder Zahl von positiven Stimuli (eine Zeitlang) wegzunehmen oder vorzuenthalten.

Diese Maßnahme wird als *response-cost* bezeichnet (Weiner 1964) und wird vor allem im Rahmen von Münzsystemen angewandt.
Ein Junge erhält vorübergehend kein Taschengeld, weil er ‚etwas angestellt hat', oder er muß im Unterricht wieder einige ‚Fleißzettel' abgeben, weil er bei der Rechenaufgabe viele Flüchtigkeitsfehler gemacht hat.
In einem Experiment versuchte Baer (1962), drei Vorschulkindern das Daumenlutschen durch den Entzug positiver Reize abzugewöhnen. „Die Kinder betrachteten gemeinsam Filme. Jedesmal, wenn ein Kind den Daumen in den Mund steckte, wurde der Film gestoppt und erst dann

fortgesetzt, wenn der Daumen wieder aus dem Mund herausgenommen wurde." Wenn der Film unmittelbar zu Beginn des Lutschens gestoppt wurde, nahm das Verhalten erheblich ab. Ließ man einige Zeit verstreichen, bis der Film gestoppt wurde, nahm das Verhalten nicht ab. Es ist also wichtig, daß der *Zusammenhang zwischen dem Verhalten und dem entzogenen Reiz* deutlich gemacht wird. Dies wird zum Beispiel dadurch erreicht, daß man bei einem bestimmten Verhalten den gleichen positiven Reiz entzieht, etwa mit der Erläuterung „Weil Du . . . deshalb mußt Du 5 Minuten hinausgehen", außerdem dadurch, daß dieser Entzug möglichst zeitlich unmittelbar zu Beginn der Verhaltensäußerung erfolgt. Aus Gründen, die im Kapitel 2.3.6.5 erörtert werden, sollten der kontingente Entzug positiver Reize möglichst ohne aversive emotionale Reaktionen praktiziert werden.

Kontingenter Entzug positiver Reize wird allgemein als Strafe aufgefaßt, auf deren häufigste Variante im letzten Abschnitt ausführlich eingegangen wird. Vorbehalte und Relativierungen gegenüber Strafe, die dort gemacht werden, gelten zum Teil auch für diese Variante.

Selbstkontrollaufgaben – Wiederholung

101. Beim kontingenten Entzug eines positiven Reizes auf ein bestimmtes Verhalten hin wird eine neue _____ aufgebaut.
102. Wenn ein Lehrer einen Schüler wegen eines abweichenden Verhaltens vor dem Klassenzimmer warten läßt, bedeutet dies den Versuch einer(s) _____ (Löschung / kontingenten Entzugs)?
103. Kontingenter Entzug positiver Reize führt zu einer _____ der Verhaltensrate.
104. Wird eine Person aus einer verstärkenden Umgebung entfernt, unmittelbar nach einem unerwünschten Verhalten, dann liegt die eine Variante des kontingenten Entzugs vor: _____.
105. Die andere Variante heißt _____.
106. Kontingenter Entzug bedeutet, daß zu reduzierendes Verhalten mit der _____ eines positiven Reizes verbunden wird.

Lösungsvorschläge

Selbstkontrollaufgaben – Wiederholung

101. Kontingenz
102. kontingenten Entzugs
103. Senkung

104. sozialer Ausschluß
105. response-cost
106. Entfernung

2.3.6.5 Darbietung aversiver Reize – Strafe

Als letzte Anwendungsmöglichkeit ist die Darbietung aversiver Reize zu besprechen. Zuerst die genaue Festlegung des Begriffsinhaltes:

Definition: Darbietung aversiver Reize – Strafe
Die kontingente Darbietung eines Reizes auf eine Wirkreaktion hin, die die Häufigkeitsrate dieses Verhaltens senkt, bezeichnet man als Strafe.

Von Strafe wird nicht gesprochen, wenn auf eine Reizdarbietung keine Reduzierung der Reaktionsrate erfolgt. Wenn ein Schüler einen Lehrer ärgert, der Lehrer mit Tadel reagiert, dann dürfte der Tadel das Schülerverhalten eher positiv verstärken und seine Häufigkeit aufrechterhalten bzw. erhöhen.
In unserer Alltagssprache wird Strafe als eine bestimmte Maßnahme angesehen, allerdings wohl immer unter der Voraussetzung, daß sie zur Verhaltensreduzierung führt. Diese Annahme wird aber weder durch unsere Erfahrung noch durch wissenschaftliche Untersuchungen durchgehend gestützt.
Thomas u. a. (1968) konnten zeigen, daß der Lärm in einer Klasse mit zunehmender Zahl der Tadel des Lehrers ebenfalls anstieg, anstatt zu sinken. Zur Verdeutlichung solcher Ergebnisse dürfte die angegebene Definition von Strafe mit ihrer Bedingung der Verhaltensreduzierung besser geeignet sein als die an ‚Straf'-Maßnahmen angelehnte Definition. Sie läßt offen, ob eine bestimmte — als verhaltensreduzierend *gedachte* — Maßnahme auch positiv verstärkend, d. h. verhaltenssteigernd wirkt.
Die Bestrafung durch Darbietung aversiver Reize ist eine gebräuchliche Form, mit der Eltern und Lehrer versuchen, unerwünschtes Verhalten zu reduzieren oder zu beseitigen. Andererseits ist sie auch eine der umstrittensten Formen der Verhaltensbeeinflussung und die Diskussion darüber äußerst kontrovers und emotional geladen. Dies rührt unter anderem daher, daß Strafreize zu schnell und ausschließlich mit körperlichen Schlägen und mit Anschreien gleichgesetzt werden. Aber man kann auch die Stirne runzeln, jemanden anschauen, rügen, Privilegien entziehen oder einen Schaden beheben lassen.
MacMillan u. a. (1973) schlagen für aversive Reize ein *Kontinuum von aversiven Verhaltenskonsequenzen* mit zunehmender Stärke vor: Das heißt, die Reihe der vorstellbaren und unter den Begriff ‚aversiver Reiz' fallenden Konsequenzen ist viel ausgedehnter, differenzierbarer und von unterschiedlicherer Wirkung, als man sich allgemein bewußt ist oder wahrhaben will.
Über die *Wirkung* der Darbietung von Strafreizen sind mehrere unterschiedliche Hypothesen aufgestellt worden, die sich jedoch *nur teilweise bewährt* haben. Sehr häufig nimmt die Verhaltensrate ab. Sie steigt jedoch gelegenheit an oder bleibt zumindest gleich hoch. Statt einer globalen Hypothese werden daher häufig die Faktoren genannt, die aufgrund erfolgreich überprüfter Einzelhypothesen für die Wirkung von Strafe bedeutsam sein dürften. Im folgenden wird eine Reihe von Faktoren dargestellt, die die Darbietung von aversiven Reizen besonders wirksam machen.
Der Schwerpunkt liegt also auf den *Bedingungen* für die Wirkung von Strafe, denn es ist bei der Anwendung von Strafe sehr wichtig, genau zu

wissen, durch welches Vorgehen die Strafe möglichst milde gehalten und dennoch wirksam gestaltet werden kann und wie durch solches zurückhaltendes Vorgehen *unerwünschte Nebenwirkungen* vermieden werden können. Deshalb werden auch Aspekte der Strafe angeführt, die sofort plausibel erscheinen und selbstverständlich praktiziert werden. Aber die empirische Absicherung auch solcher Fragen ist notwendig, denn Plausibilität und selbstverständliches Handeln sind nicht immer Garantie für angemessenes Handeln. Die Bedingungen und Wirkungen der Anwendung dieser Maßnahmen werden nach den Ausführungen von MacMillan (1975) und MacMillan / Forness / Trumbell (1973) behandelt. Diese Autoren kommen nach eingehender Prüfung empirischer Untersuchungen zu einer Reihe von Bedingungen, unter denen die Darbietung von aversiven Reizen erfolgen sollte: Diese Bedingungen werden hier als Gesichtspunkte dargestellt, die bei der Anwendung von Strafreizen im *voraus* zu bedenken sind.

a) Falls Strafreize als notwendig erachtet werden, sollten sie *gleich zu Beginn eines unerwünschten Verhaltens* (Verhaltenskette) erfolgen und nicht, wenn es bereits in vollem Gange oder gar beendet ist. Dies hat folgende Gründe:
Nach empirischen Befunden äußerten *gleich mit Beginn* einer Verhaltenskette bestrafte Personen das abweichende Verhalten weniger schnell, seltener und für kürzere Zeit als später bestrafte Personen. Der aversive Reiz wird nämlich mit den ersten Ereignissen (S^D), die dem abweichenden Verhalten vorausgehen oder es einleiten, verknüpft, zum Beispiel mit Absichten, motorischen Vorbereitungen zu einem Wirkverhalten. Ein anderer Grund für schnelle Reizdarbietung ist dann gegeben, wenn das abweichende Verhalten für eine Person *selbstverstärkend* wirkt (siehe oben Kapitel 2.3.5). Hier muß das abweichende Verhalten *verhindert* werden, damit es durch die Verstärkung bei der sonst erfolgenden Äußerung nicht aufrechterhalten wird. Der aversive Reiz hätte dann auf jeden Fall keine Wirkung, wenn die Selbstverstärkung größer wäre als die Aversion des Reizes.
Je eher also ein Strafreiz gegeben wird, um so stärker wird das unerwünschte Verhalten reduziert. Es ist weiter anzunehmen, daß man bei sofortiger Strafe mit *mildernden Strafreizen* auskommt. Späte Strafe kann allerdings durch Erklärungen wirksam gemacht werden (siehe unten).

b) MacMillan u. a. zeigen aufgrund angeführter Untersuchungen, daß das bestehende *Schüler-Lehrer-Verhältnis* von großer Bedeutung für die Erziehungsmaßnahmen des Lehrers ist. Die Ergebnisse hinsichtlich Strafe stimmen darin überein, daß ein Lehrer, der zu seinen Schülern ein positives Verhältnis hat, Verhalten mit Strafreizen eher reduzieren kann als wenn das Verhältnis negativ oder neutral ist.

c) Nach Forschungsberichten (siehe MacMillan u. a.) sollten Strafreize *sofort angemessen stark* gegeben werden; eine allmähliche Steigerung von schwachen bis zu starken Reizen beeinträchtige die Wirkung. Ein klares ‚Nein' zeigt dem Schüler deutlicher an, welches Verhalten als abweichend betrachtet wird als eine Steigerung von ‚Kopfschütteln' bis zum ‚Nein' (Gewöhnung siehe unter f).

d) *Informationen* über erwünschtes bzw. unerwünschtes Verhalten werden dem Schüler allerdings am effektivsten durch Beschreiben des erwünschten Verhaltens, durch Begründungen für die Erwünschtheit bzw. Unerwünschtheit von Verhalten gegeben. Damit wird dem Kind die Unterscheidung zwischen den beiden Verhaltensklasssen erleichtert und es wird befähigt, selbst und im voraus sein Verhalten an diesen Beschreibungen und Begründungen zu beurteilen.
Parke (1969 nach MacMillan u. a.) macht darauf aufmerksam, daß bei wenig Information starke Strafreize angewendet werden mußten, um das Verhalten zu reduzieren.

e) Durch die Beschreibungen und Begründungen werden dem Schüler *Alternativen* zum eigenen Verhalten aufgezeigt. Würde der Schüler ohne diese Informationen selbst keine Alternativen finden — weil er sie noch nicht gelernt hat —, käme er in eine ausweglose Situation. Das Aufzeigen von Alternativen muß also als Voraussetzung für den Entschluß zum Geben von aversiven Reizen betrachtet werden.

f) Ohne weiteres leuchtet ein, daß sich auch aversive Reize ‚abnutzen' können und daß deshalb variiert werden sollte. Wie bei den positiven Stimuli stellt sich eine Gewöhnung ein, die Schüler richten sich auf bestimmte Verhaltenskonsequenzen ein, die damit ihre Wirkung verlieren können. Eventuell ist auch Gewöhnung der Grund, weshalb eine Steigerung von schwachen bis zu starken Strafreizen deren Wirkung beeinträchtigt.

Abschließend sei noch ein Ergebnis mitgeteilt, das wiederum die Möglichkeit der Verwendung schwächerer Reize bestätigt. In Untersuchungen von O'Leary und Becker (1968) und O'Leary u. a. (1970) waren schwache aversive Reize (Tadel), die vom Lehrer von so nah und so leise gesprochen waren, daß sie nur vom gemeinten Schüler zu hören waren, wirkungsvoller als lauter Tadel (starke Strafreize). Ein Lehrer, der also zu einem Schüler hintritt und ihn leise aber bestimmt tadelt, kann davon durchaus Wirkung erwarten.

Mit diesen Ausführungen wurden sechs Aspekte behandelt, die für die beabsichtigte Wirkung wie auch für unerwünschte Nebeneffekte von aversiven Reizen von Bedeutung sind. Es wurde herausgestellt, daß der Strafreiz gleich zu Beginn einer unerwünschten Verhaltensweise, sofort mit einer angemessenen Stärke und nach Möglichkeit mit einer Nennung und Beschreibung von alternativen, erwünschten Verhaltensweisen gegeben werden soll. Es sollte bedacht werden, daß Gewöhnung an Strafreize zu vermeiden und Strafreize nach Möglichkeit für die soziale Umgebung nicht wahrnehmbar zu geben sind. Außerdem wurde auch das Lehrer-Schüler-Verhältnis als wichtige Komponente für die Wirksamkeit dieser Erziehungsmaßnahmen genannt.

Die Darbietung aversiver Reize führt jedoch — wie bereits angedeutet — unter Umständen zu *unerwünschten Nebenwirkungen*. So kann die strafende Person für die bestrafte Person zu einem *konditionierten aversiven Reiz* werden, der Angst und andere emotionale Reaktionen auslöst. Der Konditionierungsvorgang ist aus Kapitel 2.1 bekannt: Der bisher positive bzw. neutrale Reize ‚Lehrer' wird mit dem Angst auslösenden Strafreiz verknüpft und löst seinerseits auch Angst aus. Für andere, bei der Bestrafung vorhandene Reize wie Unterrichtsfach gilt prinzipiell dasselbe. Diese Nebenwirkung — nämlich das permanente Risiko, konditionierte aversive Reize zu erzeugen — (wie auch die später zu behandelnden) ist ein ganz wesentlicher Grund, weshalb in diesem Kurs besonderer Nachdruck auf die Notwendigkeit und gleichzeitig auch auf die Möglichkeit eines *positiven Ansatzes der Verhaltensbeeinflussung* gelegt wird. Mangelnde Motivation für das Lernen ist häufig dadurch bedingt, daß die Zuwendung zu Lerngegenständen und -tätigkeiten oft mit aversiven Reizen gekoppelt und dadurch reduziert wird. Anders dagegen ist bei weitgehender Vermeidung von aversiven Reaktionen dieser Nachteil nicht zu erwarten, vielmehr ist bei einer Verhaltenskontrolle durch positive Konsequenzen fast gleichzeitig die Frage der Motivierung des Schülers für Lerngegenstände und -tätigkeiten gelöst. Versuche bzw. tatsächliche Ausführungen von Lernverhalten und Zuwendung zu Lerngegenständen werden positiv verstärkt und es kommt zu einer Koppelung der situativen Bedingungen und der Lerntätigkeit des Schülers mit positiven Ereignissen, so daß Lernsituationen und -tätigkeiten angenehme emotionale Reaktionen auslösen. Nach Becker u. a. (1971, 198 f.) braucht sich ein Lehrer, der sich positiver Verstärkungen bedient, kaum um die emotionale Entwicklung seiner Schüler zu kümmern. Der Schüler erwirbt positive Einstellungen und Gefühle, während er in schulischen Lernaufgaben instruiert wird. Mit diesem Ansatz werden nicht nur unangenehme und für das Lernen hinderliche emotionale Reaktionen wie Angst und Überdruß vermieden (Prävention), sondern mit den positiven Verstärkungsmaßnahmen, die das schulische Lernen steuern und fördern, werden gleichzeitig angenehme und das Ler-

nen fördernde Einstellungen und sonstige emotionale Reaktionen aufgebaut.
Als weiterer Nebeneffekt ist die *Modellwirkung des Bestrafenden* zu nennen. Sowohl der Bestrafte als auch andere, unbeteiligte Schüler können das Strafverhalten als Modell für eigenes Verhalten zur Durchsetzung bestimmter Absichten verwenden. Die Erforschung aggressiver Verhaltensweisen und Strafexperimente belegen diese Möglichkeit. Ein weiterer Nachteil von Strafe ist in der möglichen *Entwicklung von Flucht- und Vermeidungsverhalten* zu sehen. Ein Kind, das die Strafe der Eltern fürchtet, könnte durch Lügen der drohenden Strafe entgehen; dadurch würde dieses Vermeidungsverhalten negativ verstärkt und wahrscheinlich häufiger gezeigt werden.
Aus diesen empirisch vielfach belegten Nebenwirkungen ist zu schließen, daß die Darbietung von Strafreizen soweit wie möglich vermieden werden sollte, insbesondere dann, wenn andere sogenannte „positive' Steuermöglichkeiten, von denen die Verhaltensmodifikation zahlreiche anbietet, zur Verfügung stehen.
Es sind allerdings auch Situationen denkbar, die ein schnelles Eingreifen erfordern. Aber hier wird eine Entscheidung sehr von der Einstellung und den Wertvorstellungen der strafenden Person abhängig. Dies konnte bei der bisherigen Beurteilung der Strafe, die stark durch empirische, d. h. belegbare Argumente gestützt wird, vermieden werden. Daher gehen hier die Ansichten sehr auseinander. Teilweise werden als einzig zulässige Situationen die angesehen, bei denen die handelnde Person sich selbst oder andere gefährdet und daher das Eingreifen mit aversiven Reizen gerechtfertigt ist. Die Entscheidung dürfte allerdings auch davon abhängig sein, mit welch starken Reizen – je nach Situation – reagiert werden soll. Weitere Aspekte der Darbietung aversiver Reize werden im entsprechenden Kapitel über die Verfahren der Verhaltensmodifikation behandelt.

Selbstkontrollfragen – Wiederholung

107. / 108 Die Darbietung eines Reizes auf eine Wirkreaktion hin, die die _____ dieses Verhalten _____ , bezeichnet man als Strafe.
109. Bleibt die Verhaltensrate auf die Darbietung eines mußmaßlichen Strafreizes gleich hoch, dann bezeichnet man dies _____ als Strafe.
110. Der Bereich der Strafreize wird in der Verhaltensmodifikation als _____ betrachtet.
111. Man spricht auch von einem _____ von sehr schwachen bis sehr starken Reizen.
112. Generell gesprochen ist die Strafe mit Distanz zu beurteilen, da sie häufig zu _____ führt.
113. Strafe sollte _____ , nicht am Ende einer Verhaltensweise erfolgen.
114. Wirkt eine Tätigkeit selbst verstärkend, dann sollte sie von vornherein _____ werden.
115. Strafreize sollten gleich in angemessener Stärke gegeben werden, damit es nicht zu einer _____ an sie kommt.

116. Verspätete Bestrafung kann durch ____ auf das betreffende Verhalten bezogen werden.
117. Das Strafverhalten kann – als Nebeneffekt – für andere Personen als ____ dienen.
118. Die strafende Person kann durch ihr gleichzeitiges Auftreten mit dem Strafreiz zu einem ____ werden.
119. Durch die Verknüpfung von strafender Person und aversivem Reiz besteht die Gefahr, daß die Person nicht mehr als ____ wirkt.

Übungen

1. In Kapitel 2.3.1 haben Sie bei der Übungsaufgabe 5 die *vermutlich aversiv gedachten Reize* zusammengestellt, die Sie in einer der vergangenen Stunden gegeben haben. Überprüfen Sie bitte an diesen Aufzeichnungen, welche dieser Strafreize Sie nicht unbedingt hätten zu geben brauchen und welche Reaktion oder Maßnahme Sie stattdessen hätten äußern oder ergreifen können.
2. Bitte beobachten Sie in einer weiteren Stunde, welche Strafreize Sie geben, und prüfen Sie Ihre Aufzeichnungen wiederum nach Aufgabe 1.
3. Beobachten Sie bitte in einer der folgenden Stunden, welche emotionalen Reaktionen Sie bei Ihren Schülern auf Ihr Strafverhalten hin erkennen können.
4. Begründen Sie für sich (am besten schriftlich), welche Ihrer Reaktionen, die auf Schüler aversiv wirken könnten, Sie beibehalten wollen oder müssen.
5. Bitte stellen Sie alle aversiven Reize zusammen, die Sie in der letzten Stunde von Ihren Schülern erhalten haben.

Lösungsvorschläge

Selbstkontrollaufgaben – Wiederholung

107. / 108 Häufigkeitsrate, senkt
109. nicht
110. weit / groß etc.
111. Kontinuum
112. unerwünschten Nebenwirkungen
113. am Anfang
114. verhindert
115. Gewöhnung
116. Erläuterung
117. Modell / Modellverhalten
118. konditionierten aversiven Reiz
119. verstärkender Reiz

Übungen

Für die Übungen 1 bis 3 und 5 kann nur auf Anhang I, 5 und 7 verwiesen werden.
4. Mögliche Gründe: Schüler bringt sich und andere Personen in Gefahr. Er erzwingt durch sein Verhalten die Aufmerksamkeit der Mitschüler.
Schüler gibt falsche Antworten, die der Lehrer nicht ignorieren darf, da der Schüler oder Mitschüler sie für richtig halten könnten. In diesen Fällen sollte der Lehrer die Abweichung von der richtigen Antwort sachlich feststellen. Dies kann allein schon aversiv wirken. Aber durch zusätzliches und ruhiges Informieren kann viel Aversion vermieden werden.

2.3.7 Einige Bedingungen für die Wirksamkeit von Verhaltenskonsequenzen

Die Konditionierungsverläufe des vorigen Abschnittes stehen unter einer Reihe von Bedingungen, von denen die drei wichtigsten behandelt werden.

2.3.7.1 Unmittelbare Anwendung der Verhaltenskonsequenzen

Aufgrund empirischer Untersuchungen ist zu sagen, daß die zeitlich unmittelbare Folge von Verhaltenskonsequenzen effektiver ist als eine verzögerte. Obwohl die Forderung nach unmittelbar erfolgenden Konsequenzen für alle fünf Konditionierungsverkäufe gilt, wird sie an der für pädagogische Belange wichtigsten Art — der positiven Verstärkung — genauer behandelt.

Nach Abschnitt 2.3.7.1 sollten Sie
1. begründen können, warum zeitlich unmittelbar erfolgende Konsequenzen wirksamer sind,
2. eine Möglichkeit nennen können, wie man verzögerte Verstärkung dennoch wirkungsvoll machen kann,
3. einige verbale Beispiele bilden können, in denen Sie in einer Unterrichtssituation verzögerte Verstärkung wirkungsvoll zu geben versuchen.

Die größere Wirkung unmittelbarer Verstärkung wird damit begründet, daß die unmittelbare Verstärkung sicherstellt, auf welches Verhalten sich die Verstärkung beziehen soll. Bei verzögerter Verstärkung könnte zwischenzeitlich anderes Verhalten geäußert worden sein, das dann fälschlicherweise verstärkt würde. Damit könnten einerseits unerwünschte Kontingenzen entstehen, andererseits würde das Verhalten, das aufgebaut werden soll, unverstärkt bleiben.

Man kann sich etwa denken, daß ein Schüler in der Zeit zwischen erwünschtem Verhalten und verspäteter Verstärkung sich auf unerwünschte Weise verhält. Hier würde ein Lehrer evtl. mit einem aversiven Reiz (zum Beispiel Tadel) reagieren, während die für den Schüler vielleicht sehr notwendige Gelegenheit zur Verstärkung seines zuvor gezeigten erwünschten Verhaltens verloren wäre.

Daher sollte man *prinzipiell* unmittelbar nach einer Verhaltensäußerung verstärken.

Andererseits ist es nicht notwendig und auch nicht wünschenswert, sich unter allen Umständen (rigoros) daran zu klammern. Einmal ist zu fürchten, daß man dadurch andere Beeinträchtigungen des Unterrichts in Kauf nehmen müßte; zum anderen dürften Lehrer Schwierigkeiten haben, dieses Prinzip unbedingt zu befolgen.

So kann eine Lehrerin, die ihre Schüler mit einer Geschichte oder mit Schallplattenhören belohnen will, nicht nach jedem gelungenen Lernschritt diese Verstärker einsetzen, sondern nur nach der gesamten Unterrichtseinheit und gegenüber der ganzen Klasse.

Eine andere Schwierigkeit könnte darin bestehen, daß die Schüler- und Lehrerbeiträge zum Unterricht durch dauernde Verstärkungen unterbrochen und gestört werden. Versucht ein Lehrer, ein erwünschtes Verhalten zu verstärken, besteht die Möglichkeit, daß er in den Verhaltensfluß des Schülers eingreift. Damit kann er aber dem Verhalten eine andere Richtung geben, als der Schüler es beabsichtigte. Dies ist nicht wünschenswert und es ist auch fraglich, ob die beabsichtigte Verstärkung noch als solche auf den Schüler wirkt.

Dem kann man vorbeugen, indem man nur *am Ende von zusammenhängenden Verhaltenssequenzen* bekräftigt. Für diese Fälle ist der Lehrer in der Lage, Kontingenzen herzustellen, ohne auf die Wirkung von unmittelbaren, auf einzelne Verhaltensausschnitte bezogene Verstärkungen verzichten zu müssen, indem er einem Schüler als Verstärkung das Schallplattenhören *ankündigt* (allerdings nur wenige Male). Weiterhin kann er dem Schüler während einer längeren Verhaltenssequenz gelegentlich zunicken. Insbesondere besteht für viele Situationen die Möglichkeit, die zeitliche Verzögerung durch eine *Erklärung* zu überbrücken.

Im Abschnitt über die Strafe wurde diese Möglichkeit ebenfalls schon besprochen. Dort wurde gesagt: Wenn ein Lehrer sich zur Strafe entschließt, sollte er sie möglichst früh anwenden. Kann er dies aus irgendwelchen Gründen nicht, sollte er bei der späteren Darbietung des aversiven Reizes unbedingt eine Information über das betreffende Verhalten geben.

Selbstkontrollaufgaben – Wiederholung

120. Verzögerte Verhaltenskonsequenzen sind weniger wirksam als _____ erfolgende Konsequenzen.
121. Der Grund für die größere Wirkung unmittelbarer Konsequenzen liegt darin, daß Konsequenz und _____ besser aufeinander zu beziehen sind.
122. Bei verzögerter Verstärkung können nicht zusammengehörende Reaktionen und Konsequenzen zu einer _____ verbunden werden.
123. Die Lücke zwischen Reaktion und späterer Konsequenz kann durch eine _____ überbrückt werden.

Übungen

1. Beobachten Sie in einer der nächsten Stunden, ob Sie mit Verzögerung verstärkt haben.
   a) Versuchen Sie sie in der Regel zu vermeiden, reagieren Sie unmittelbar!
   b) Wenn Sie Gründe haben, davon abzuweichen (es gibt solche – siehe Text), dann versuchen Sie, eine Kontingenz zwischen gemeintem Schülerverhalten und Ihrer Reaktion herzustellen. Welche Gründe fallen Ihnen ein?
2. Überlegen Sie sich dazu auch folgende Möglichkeit:
   Sie haben ein Problem gestellt, zu dessen Lösung mehrere Möglichkeiten gesucht werden sollen. Dieter zählt der Reihe nach einige auf, aber nicht alle sind akzeptabel. Wie könnten Sie auf Dieters Beitrag reagieren?
   Gehen Sie bei der Bearbeitung des Falles soweit, mögliche verbale Reaktionen niederzuschreiben. Suchen Sie dazu noch sinnentsprechende alternative Formulierungen. Prüfen Sie bitte, ob Sie solche Formulierungen auch in Ihrem Unterricht verwenden oder einmal versuchen sollten. Suchen Sie vielfältige Formulierungen – Abwechslung tut gut.

Lösungsvorschläge

Selbstkontrollaufgaben – Wiederholung

120. unmittelbar
121. Verhalten
122. unerwünschten Kontingenz
123. Information / Erklärung

Übungen

Zu 1. a) ist kein Lösungsvorschlag möglich.
Zu 1. b) Gründe für verzögerte Konsequenzen und damit für Überbrückung:
– rechtzeitige Reaktion verpaßt, Schüler zeigt schon andere Verhaltensweisen,
– Schüler soll nicht unterbrochen werden,
– Konsequenz soll nicht vor anderen Personen erfolgen,
– Sie sind im Augenblick unsicher, wie Sie reagieren sollten.
2. Solange Dieter am Aufzählen ist, sollte er nicht unterbrochen werden, auch nicht durch Verstärkungen, damit er die Lösungen nennt, die er sich selbst gesucht hat. Danach könnten die akzeptablen Lösungen hervorgehoben werden: „Die ersten beiden Lösungen und die letzte Lösung könnten wir gut gebrauchen, Dieter!" oder ähnlich. Es könnte natürlich auch notwendig sein, auf unbrauchbare Vorschläge einzugehen, um Irrtümer bei Dieter oder anderen Schülern zu beseitigen oder um sie nach Korrekturen zu brauchbaren Vorschlägen zu fragen.
Bitte suchen Sie wirklich noch weitere Formulierungen.

2.3.7.2 Mangel und Gewöhnung

Ziele des Abschnittes:
1. die Bedeutung von Mangel (Deprivation) und Gewöhnung für die Verstärkerwirkung aufzeigen können,
2. die wichtigste Möglichkeit, Gewöhnung zu vermeiden, nennen und einige Übungen dazu bearbeiten können.

Als eine wichtige Bedingung für die Wirkung von Verhaltenskonsequenzen werden der Mangel an diesen Konsequenzen oder kurz die *Deprivation* genannt.
Hat eine Person einen Reiz (Essen, sozialen Kontakt) einige Zeit entbehrt, dann nennt man sie hinsichtlich dieses Reizes depriviert. Durch die Entziehung des Reizes begehrt sie diesen stärker, als wenn sie ihn laufend zur Verfügung hätte. Gewirtz und Baer (1958) haben den Einfluß eines augenblicklichen Mangels an einem Verstärker auf dessen Wirkung experimentell untersucht und konnten zeigen, daß der Entzug sozialer Verstärker *(soziale Deprivation)* vor der Behandlung sowohl soziale als auch materielle Verstärker effektiver machte. In der gleichen Untersuchung erhielt *eine* Kindergruppe soviel Lob und Belohnung, wie in der Situation nur möglich war. Diese Kinder zeigten eine wesentlich geringere Verhaltensänderung als die deprivierten Kinder.
Das Gegenstück zur Deprivation ist die *Gewöhnung*.

Die Wirksamkeit eines Verstärkers wird nämlich, wie das Beispiel eben deutlich machte, eingeschränkt, aufgehoben oder gar ‚umgekehrt', wenn er zu häufig oder in zu großer Menge angeboten wird. Ein Hinweis auf die Sättigung durch Essen genügt zur Illustration. Eine Gewöhnung an Strafreize kann ebenfalls auftreten, was eine Steigerung der Reizstärke oder einen Wechsel des angewandten aversiven Reizes erfordern würde. Darauf wurde in Abschnitt 2.3.6.5 schon eingegangen.
Nach Sulzer und Mayer (1972, 29, 40 – 41) treten Mängel und andererseits auch Gewöhnung bei unkonditionierten Verstärkern schneller auf als bei konditionierten Verstärkern. Geld, Lob oder ein Lächeln behalten lange ihre verstärkende Wirkung, gleichgültig wielange und wieviel man davon erhalten hat. Dies zeigt die Bedeutung der konditionierten Verstärker auch für den Unterricht. Aber Lehrer wissen aus Erfahrung, daß sich auch solche Verstärker abnutzen können. Eine einfache ‚Formel', die angibt, wieviel von einem Verstärker gegeben werden kann, bis er abgenutzt wird, gibt es nicht.
Zur Vermeidung der Gewöhnung bietet sich selbstverständlich die *Abwechslung* in der Anwendung der Verhaltenskonsequenzen an: Bei positiven Reizen kann man evtl. materielle, Tätigkeits- und soziale Verstärker abwechselnd verwenden und vor allem innerhalb dieser Reizklassen *differenzieren*. So kann man auf eine richtige Antwort „gut", „ja", „richtig", „Das war deutlich ausgesprochen" sagen.

Wenn Sie Ihr Verhalten nach einer schon früher gestellten Aufgabe beobachtet haben, konnten Sie evtl. feststellen, daß Sie in Ihrem Unterricht nur wenige dieser vielfältigen Verstärker einsetzen. Aber Ihre eigene Zusammenstellung von Verstärkern und Anhang I, 4 bis 7 zeigen die *außerordentliche Vielfalt* von Möglichkeiten. Hier ist Ihrer Erfindungsgabe keine Grenze gesetzt.

Selbstkontrollfragen – Wiederholung

124. Verstärkerwirkung ist gefährdet, wenn es im Laufe ihrer Anwendung zu ____ kommt.
125. Es ist demnach Voraussetzung, daß eine Person hinsichtlich dieser Reize ____ ist oder ____ hat.
126. Das Risiko der Gewöhnung kann man reduzieren, indem man in der Anwendung von Verstärkern ____ .

Übungen

1. Ein Schüler, der personenbezogene Verstärkungen nicht gerne hört, soll dennoch vom Lehrer für seine Leistungen verstärkt werden. Welche Verstärkerart kommt hier in Frage? (Bitte sehen Sie vor Bearbeitung der Übung 2 die Lösung zu Aufgabe 1 an.)
2. Formulieren Sie jetzt bitte vier verbale Reaktionen, die sich nicht auf die Person, sondern auf das gezeigte Verhalten beziehen.
3. Denken Sie an ein bestimmtes Kind Ihrer Klasse und suchen Sie Verstärker (gehen Sie bis zu wörtlichen Formulierungen), von denen Sie annehmen können, daß Sie genau für dieses Kind wirksam sein könnten.

Lösungsvorschläge

Selbstkontrollaufgaben – Wiederholung

124. Gewöhnung
125. depriviert / Mangel
126. abwechselt / variiert

Übungen
1. Es kommen in Frage: sogenannte ‚beschreibende Verstärker'.
2. Formulierungsvorschläge:
   a) Deine Lösungen sind richtig, obwohl Du jetzt schon schneller arbeitest.
   b) So wie Du eben gerechnet hast, geht es schon schneller als früher.
   c) Du schaffst es jetzt schon in viel kürzerer Zeit.
   d) Versuch es nochmal so wie vorhin, da ging es schon besser.
3. Als Anregung und zum Vergleich sollten Sie nochmals die Verstärkerliste im Anhang I, 4 bis 7 zur Hand nehmen.

2.3.7.3 Verstärkungspläne

Ein weiterer Faktor für die Wirksamkeit von Verhaltenskonsequenzen stellt die Regelmäßigkeit, mit der diese erfolgen, dar: Welche Bedeutung hat es, wenn eine Verhaltensweise *jedesmal*, wenn sie auftritt, oder nur *ab und zu* verstärkt wird? Aus unserem täglichen Leben sind uns Beispiele geläufig, in denen nur ab und zu eine Bekräftigung erfolgt. Nicht jedesmal, wenn man jemanden anruft, erhält man eine Verbindung und nicht jedesmal, wenn ein Kind einen Wunsch äußert, wird er erfüllt. Andererseits wird ein Schüler im Unterricht nicht für jedes abweichende Verhalten bestraft.

Die Ordnung (Reihenfolge), in der Verstärkungen erfolgen, wird als *Verstärkerplan* bezeichnet.

Nach Abschnitt 2.3.7.3 sollten Sie in der Lage sein:
1. die behandelten Verstärkerpläne in einem System darzustellen,
2. die einzelnen Pläne zu beschreiben und für jeden Plan den entsprechenden Verlauf der Verhaltensänderung darzustellen,
3. drei besondere Gesichtspunkte zu nennen, unter denen die Wirkungen der einzelnen Pläne auf die Verhaltensprozesse betrachtet werden müssen,
4. für bestimmte Ausgangspunkte bzw. Phasen von Lernprozessen den jeweils angemessenen Verstärkungsplan zu nennen und dies zu begründen.

Wird eine Verhaltensweise bei jedem Auftreten verstärkt, spricht man von einer *Immerverstärkung* oder von einem *kontinuierlichen Verstärkungsplan*. Erfolgen Verstärkungen für eine Wirkreaktion nur ‚ab und zu', dann nennt man dies eine *intermittierende* Verstärkung oder einen *intermittierenden Verstärkungsplan*.

Diesen Verstärkungsplan teilt man wiederum folgendermaßen auf: ,,Inmittierende Verstärkung kann einmal nach einer festgelegten Anzahl von

vorausgehenden Reaktionen erfolgen (‚Belohne jede dritte Antwort'), dann wird von *Intervallverstärkung* gesprochen" (Schulze 1973, 98, Hervorhebungen von P. J.).
Neben diesen einfachen Verstärkungsplänen gibt es noch eine große Zahl von verfeinerten Plänen, die auf diese grundlegenden Muster zurückgehen. In Anbetracht der Möglichkeiten eines Lehrers im laufenden Unterricht wird nur auf diese eben genannten Verstärkungspläne eingegangen.
Bevor dazu Einzelheiten behandelt werden, soll noch auf drei verschiedene Phasen bzw. Richtungen eines Veränderungsverlaufs aufmerksam gemacht werden, die hier von besonderer Bedeutung sind. Man spricht einmal von *Verhaltensaufbau* und von *Verhaltensabbau bzw. -reduzierung* und andererseits von der *Aufrechterhaltung* einer Verhaltensweise.

Die kontinuierliche Verstärkung oder Immerverstärkung

Der Plan der kontinuierlichen Verstärkung kann mit folgendem einfachen Schema verdeutlicht werden:

Verhaltensäußerungen | | | | | | | | |
Verstärkungen | | | | | | | | |

Das Schema drückt aus: Sooft eine Verhaltensweise geäußert wird, erfolgt eine Verstärkung. Dieser Verstärkungsplan führt zu drei Besonderheiten des Verhaltens:

- Das Verhalten wird mit Regelmäßigkeit gezeigt,
- die Verhaltensrate steigt gleich zu Beginn des Modifikationsvorgangs schnell an,
- es ist gegen Löschung, d. h. beim Ausbleiben des verstärkenden Reizes wenig widerstandsfähig.

Die hohe Effizienz kontinuierlicher Verstärkung beim *Verhaltensaufbau* ist wohl dadurch begründet, daß dieser Plan dem Lernenden stetige und unmittelbare Rückmeldung über sein Verhalten liefert.

Im Unterricht wird man kaum feststellen, daß Verhaltensweisen kontinuierlich verstärkt oder bestraft werden. Ein Lehrer mag auch Bedenken haben, während seiner Lehrertätigkeit (Erklären, Zeigen, Fragen, Vortragen etc.) jede (bestimmte) Verhaltensweise seiner Schüler zu beachten und zu verstärken. Dies schränkt zwar die Möglichkeit ein, den in vielen Versuchen als äußerst wirksam erwiesenen Verstärkungsplan im Unterricht zu realisieren. Man sollte jedoch bedenken, daß das Kind, je mehr man sich einem kontinuierlichen Verstärkungsplan nähert, um so schneller die neue Verhaltensweise erlernen wird.
Eine Lehrerin beabsichtigt zum Beispiel, einen zurückhaltenden Jungen mehr in den Unterricht einzubeziehen. Der Junge wird sich bei leichten Aufgaben und auf ermunternde Aufforderungen der Lehrerin hin wohl melden, aber anfangs sicherlich selten. In dieser Anfangsphase – einer typischen Aufbauphase, für die dieser Verstärkungsplan gedacht ist – wird die Lehrerin bestimmt in der Lage sein, jedes oder fast jedes Melden des Jungen zu registrieren und darauf zu reagieren.

Bisher war nur vom Verhaltensaufbau durch kontinuierliche Verstärkung die Rede. Möchte ein Lehrer dagegen ein unerwünschtes Verhalten durch Strafen beseitigen, indem er einen aversiven Reiz gibt oder einen positiven Reiz kontingent entzieht, dann gilt das zum kontinuierlichen Verstärkungsplan Gesagte entsprechend. Mac-Millan u. a. (1973, 90 f.) gehen auf diese Parallelität ein. Sie heben hervor, daß Strafe in Untersuchungen dann wenig wirksam war, wenn sie nicht regelmäßig erfolgte, sondern nach einem intermittierenden Plan. (In diesem Fall könnte man auch von einem ‚Bestrafungsplan' sprechen.)

Intermittierende Verstärkung

Aus den obigen Beispielen ist bereits herauszulesen, daß es unrealistisch und nicht immer wünschenswert ist, in jeder Situation kontinuierlich verstärken zu wollen. Stattdessen kann es notwendig bzw. wirkungsvoller sein, nur gelegentlich, d. h. intermittierend zu verstärken. Der intermittierende Verstärkungsplan kann so schematisiert werden:

Verhaltensäußerungen | | | | | | | | |
Verstärkungen | | | |

An diesem Schema ist für den vorliegenden Zusammenhang nur wichtig, daß einige Verhaltensäußerungen unverstärkt bleiben. In dieser Darstellung erfolgen die Verstärkungen *variabel*. Dies ist – wie oben angedeutet – jedoch nur ein besonderes Muster eines intermittierenden Plans. Intermittierende Verstärkungen könnten aber auch regelmäßig nach festgelegten zeitlichen Abständen erfolgen (regelmäßige Intervallverstärkung) oder regelmäßig nach einer bestimmten Anzahl von Verhaltensäußerungen (regelmäßige Häufigkeitsverstärkung). Hier werden Verhaltensäußerungen eine gleichlange Zeit oder in gleichbleibender Anzahl nicht verstärkt, bis wieder eine Bekräftigung erfolgt.

Wie die regelmäßige Intervall- und Häufigkeitsverstärkung, kann auch die eben erwähnte *variable* Verstärkung nach der Zeit oder nach der Häufigkeit der Verhaltensäußerungen, die jetzt aber unregelmäßig sind, bemessen werden. Hier werden Verhaltensäußerungen unterschiedlich lange Zeiträume oder in unterschiedlich hoher Anzahl nicht verstärkt, bis wieder eine Bekräftigung erfolgt. In jedem Fall bleiben Verhaltensäußerungen immer wieder unverstärkt, so daß es sich bei allen Plänen um intermittierende Verstärkungspläne handelt.

Es gibt eine Reihe von Gründen, intermittierende Verstärkungspläne systematisch einzuführen bzw. die in natürlichen Situationen vorhandene unregelmäßige Verstärkungspraxis zu übernehmen. Wurde für das Erlernen einer neuen Verhaltensweise zunächst jede Reaktion verstärkt, so ist ein Grund, von diesem Verstärkungsmuster auf das intermittierende überzugehen, die evtl. eintretende Gewöhnung insbesondere dann, wenn die Verhaltensweise inzwischen beherrscht wird. Dann kann es für den Vestärkten sogar aversiv sein, für jede Verhaltensweise, die ihm ohnehin selbstverständlich geworden ist, eine Verstärkung ‚erhalten zu müssen'.

Ein weiterer Grund – siehe Einwände oben – liegt darin, daß kontinuierliche Verstärkung als alleiniger Plan einen Lehrer beim Unterrichten aufhält; sie ist als alleiniger Verstärkungsplan unökonomisch. Intermittierende Verstärkung ist von der Verstärkungstätigkeit her betrachtet ökonomischer, da nicht jede Reaktion, sondern nur einige verstärkt werden. Intermittierende Verstärkungspläne ermöglichen es auch, die oben verlangte Unterbrechung des Verhaltensflusses einer Person durch Verstärkungen zu vermeiden und stattdessen am Ende von Verhaltensketten zu bekräftigen.

Sie sind aber auch – und dies ist ein *Hauptargument für intermittierende Verstärkung* – effektiver, wenn eine Verhaltensweise nach einem Lernprozeß ,nur noch' aufrechterhalten werden muß; denn sie macht das Verhalten im Gegensatz zur Immerverstärkung *gegen Löschung widerstandsfähiger*.

Ein kleines Beispiel von Becker u. a. (1971, 42) macht dies deutlich. Besitzt jemand ein Feuerzeug, das bisher immer beim ersten Versuch brannte, wird er bei Fehlversuchen schneller aufgeben und das Feuerzeug untersuchen als jemand, der weiß, daß mehrere Versuche gemacht werden müssen, bis es brennt. Diese Hartnäckigkeit ist damit zu erklären, daß der Verstärkte Verzögerungen der Verstärkung häufig erfuhr, aber doch immer wieder verstärkt wurde.

So sehr diese Wirkungsweise der intermittierenden Verstärkung bei erwünschten Verhaltensweisen zu begrüßen ist, so sehr muß man darauf achten, *unerwünschte Verhaltensweisen nicht unter intermittierende Pläne kommen zu lassen*. In der Realität werden zum Beispiel unerwünschte Verhaltensweisen sehr häufig diskontinuierlich bestraft. Sie kennen alle den Satz: ,,Ich kann viel ertragen, aber einmal ist Schluß!" Wenn man dazu noch berücksichtigt, daß die strafende Reaktion für manche Personen eine der wenigen ,Aufmerksamkeiten' bedeutet, die sie erhalten können, und sie deshalb sogar als Zuwendung schätzen, dann ist es leicht verständlich, daß diese Verhaltensweisen äußerst widerstandsfähig gegen Löschung oder Abbau durch Strafe sein können.

Der Wechsel von Immerverstärkung zu intermittierender Verstärkung ist eine ,heikle Angelegenheit'. Die Zahl der Reaktionen oder die Zeit, in der nach der Immerverstärkung keine Verstärkungen mehr erfolgen, muß vorsichtig bemessen werden, weil sonst evtl. mit einer Reduzierung des Verhaltens zu rechnen ist.

Der ,zurückhaltende Junge' in unserem Beispiel, dessen Verhaltensweise ,sich melden' zuerst durch Immerverstärkung erhöht wurde, könnte sich evtl. wieder seltener melden, wenn seine Unterrichtsteilnahme plötzlich in zu vielen Fällen nicht bekräftigt würde.

Sulzer und Mayer (1972, 109 – 112) empfehlen, vom kontinuierlichen zum intermittierenden Plan allmählich überzugehen, indem man zunächst nur eine unter mehreren Reaktionen nicht verstärkt. Bleibt die Verhaltensrate stabil, dann kann man zu immer größeren Raten unverstärkter Verhaltensäußerungen übergehen, immer unter Beachtung der gleichbleibenden Verhaltensrate. Zuletzt empfehlen die Autoren, Hinweisreize zu setzen. Eine Lehrerein könnte zum Beispiel, um die Zeit ohne Verstärkungen zu überbrücken, gleich ein Buch auf den Tisch legen, das ankündigt, daß gegen Ende einer erfolgreichen Stunde eine Geschichte vorgelesen wird.

Abschließend folgt noch eine Bemerkung über den *Zusammenhang von Kontingenz und Verstärkungsplan*. Die Kontingenz wurde als Beziehung bezeichnet, in der die Bedingungen, unter denen einem gewissen Verhalten bestimmte Konsequenzen folgen, aufgegliedert sind. Der Verstärkungsplan ist — neben den bereits erwähnten — eine sehr bedeutungsvolle Bedingung, die in einer Kontingenz enthalten ist. Verhaltensweisen, die zu einer Kontingenz mit Immerverstärkung bzw. mit intermittierender Verstärkung gehören, verändern sich ganz unterschiedlich und sind auch gegen Löschung unterschiedlich resistent. Der Übergang von einem Verstärkungsplan zu einem anderen stellt eine Kontingenzänderung dar. Die Bedingungen, unter denen ein Verhalten dann verstärkt wird, haben sich damit geändert.

Selbstkontrollaufgaben — Wiederholung

127. Wird jede Verhaltensäußerung verstärkt, dann spricht man von ____ .
128. Bleiben einige Verhaltensäußerungen unbeachtet, dann wird ____ verstärkt.
129. Soll eine neue Verhaltensweise gelernt werden, dann ist ____ am wirkungsvollsten.
130. Der besondere Effekt der Immerverstärkung besteht im ____ Anstieg der Verhaltensrate gleich zu Beginn der Modifikation.
131. / 132. Eine unerwünschte Begleiterscheinung der Immerverstärkung liegt in der geringen ____ gegen ____ .
133. Aversive Reize sollten stets nach dem ____ Bestrafungsplan erfolgen.
134. Muß eine Verhaltensweise mehrere Male oder eine Zeitlang geäußert werden, bis eine Verstärkung erfolgt, dann handelt es sich um ____ Verstärkung.
135. Die Gefahr beim Übergang von Immer- zu intermittierender Verstärkung ist in der ____ der Verhaltensrate zu sehen.
136. Die intermittierende Verstärkung macht Verhalten vor allem gegen ____ widerstandsfähig.
137. Bestrafung sollte nicht unter ____ Verstärkung kommen.
138. Will man ein Verhalten löschen, dann darf man auf keinen Fall ____ wieder strafen.
139. Von Immer- zu intermittierender Verstärkung sollte man ____ übergehen.
140. Beim ____ Plan wird die schnelle Gewöhnung an Verstärker vermieden.

Übungen

1. Beispiel: Ein gesundes Baby wird, sooft es weint, von den Eltern auf den Arm genommen und geliebkost. Danach ist es immer gleich ruhig. Was hat das Baby die Eltern gelehrt? Unter welchem Verstärkungsplan steht das Verhalten der Eltern?

2. Worin besteht für die Eltern die Verstärkung? Um welche Art der Verstärkung handelt es sich?
   Die Eltern versuchen, dem Baby dieses sogenannte ‚operante Weinen' abzugewöhnen, indem sie sich ihm beim Weinen nicht mehr zuwenden.
3. Die Eltern können gelegentlich das Weinen des Kindes trotzdem nicht ertragen und nehmen das Kind wieder auf den Arm. Unter welchem Verstärkungsplan steht das Verhalten des Kindes? Welche Prognose stellen Sie über den Effekt des Elternverhaltens auf?

Lösungsvorschläge

Selbstkontrollfragen – Wiederholung

127.	Immerverstärkung	135.	Verringerung
128.	intermittierend	136.	Löschung
129.	Immerverstärkung	137.	intermittierende
130.	schnellen	138.	gelegentlich
131. / 132.	Resistenz, Löschung	139.	allmählich
133.	kontinuierlichen	140.	intermittierenden
134.	intermittierende		

Übungen

1. Das Baby lehrte seine Eltern „Nehmt mich auf den Arm, dann bin ich ruhig" (Kontingenz: Wenn . . . dann).
   Die Eltern stehen unter einem Immerverstärkungsplan.
2. Die Verstärkung besteht für die Eltern in der Beendigung des für sie unangenehmen Weinens des Kindes. Ihr Verhalten ‚Baby-auf-den-Arm-nehmen' wird also *negativ* verstärkt.
3. Intermittierender Verstärkungsplan.
   Das Kind gewöhnt sich daran, daß es nicht bei jedem Weinen auf den Arm genommen wird. Es wird aufgrund des intermittierenden Verhaltens der Eltern sehr hartnäckig weinen.

2.3.8 Generalisierung, Diskrimination, Differenzierung

Lernen wurde als *relativ dauerhafte Veränderung von Verhalten* bezeichnet. An diesem Änderungsprozeß sind vier verschiedene Richtungen festzustellen, in die Lernprozesse verlaufen können. Sie betreffen ein besonderes *Verhältnis zwischen Reiz und Reaktion* bzw. *zwischen Umwelt und Verhalten* und werden von der Art der Verstärkung bedingt. Jahnke (1967, 187 ff.) gibt im Gegensatz zu den meisten anderen Autoren eine begrifflich durchgehende Darstellung dieser Sachverhalte. Die formale Darstellung dieses Beispiels wurde daher eng an sein Konzept angelehnt.

Die Ziele dieses Abschnittes sind:
1. Für jede Variation eine Definition mit eigenen Worten geben können,
2. die vier Variationen zueinander in Beziehung setzen können,
3. für jede Variation Beispiele aus dem Unterricht nennen und beschreiben können,
4. die Bedeutung der Verstärkung für die Entwicklung dieser vier Variationen jeweils angeben können.

Die Beziehung zwischen Reiz und Reaktion kann auf vier verschiedene Weisen weiterentwickelt werden:
1. *Ausdehnung* des Bereichs der *Stimuli*, auf die eine Reaktion erfolgt: *Reizgeneralisierung.*
2. *Einschränkung* des Bereiches der *Stimuli*, auf die eine Reaktion erfolgt: *Reizdiskrimination.*
3. *Ausdehnung* der Reihe von *Reaktionen*, die auf einen Stimulis hin gezeigt werden: *Reaktionsgeneralisierung.*
4. *Einschränkung* der Reihe von *Reaktionen*, die auf einen Stimulus hin gezeigt werden: *Reaktionsdifferenzierung.*

Jede dieser Veränderungen kommt — wie oben schon angedeutet — *durch spezifische Arten der Verstärkung* zustande, auf die im einzelnen einzugehen ist.

2.3.8.1 Reizgeneralisierung

Definition
Bei der Reizgeneralisierung lernt eine Person den Bereich der diskriminativen Reize auszuweiten, auf die hin sie auf bestimmte Weise reagiert.

Hat eine Lehrerin in der Trainingssituation gelernt, zum Beispiel die Unterrichtsteilnahme eines Schülers durch gezielte Verstärkungen zu erhöhen, dann wird sie dies evtl. auch in der komplexeren Unterrichtssituation können.
Die Lehrerin vermag also nicht nur in einer Situation (S_1^D), sondern auch in einer weiteren Situation (S_2^D) positiv zu verstärken (R). Hätte sie ein Kind, würde sie dieses zu Hause oder in vielen anderen Umgebungen auch verstärken. Oder ein weiteres Beispiel:
Welche Tiere gehören zu den Nagetieren? Hat ein Schüler an *einem* Tier das kennzeichnende Merkmal des Nagetiers kennengelernt, ist es sehr wahrscheinlich, daß er andere Tiere mit diesem Merkmal als Nagetiere erkennt, ohne zunächst auf die im übrigen beträchtlichen Unterschiede zwischen diesen Tieren zu achten.
Nun ist zu fragen, wie solche Generalisierungen zustandekommen. Zunächst reagiert eine Person nur auf den ‚ursprünglichen' diskriminativen Reiz S_1^D. Ist ein zweiter diskriminativer Reiz diesem S_1^D *ähnlich,* dann ist die Wahrscheinlichkeit groß, daß die Person die gelernte Reaktion auch auf diesen S_2^D hin äußert. Diesen Zusammenhang, der in vielen Experimenten untersucht wurde, wird in folgender Hypothese behauptet:

Hypothese 6: Reizgeneralisation
Besteht eine Kontingenz $S_1^{D+} - R_1 - S^+$, dann gilt: Je ähnlicher sich Merkmale der Reize S_1^{D+} und S_2^{D+} sind, desto eher werden Reaktionen R_1 auch auf S_2^{D+} hin gezeigt.

Reaktionen werden in allen diesen ähnlichen Situationen oder in Gegenwart aller dieser Reize positiv verstärkt. Diese ähnlichen Reize üben eine gewisse Kontrolle auf das Verhalten einer Person aus; je unähnlicher sich diese Reize jedoch werden, desto geringer ist deren Kontrolle.

Selbstkontrollaufgaben – Wiederholung

141. Von Reizgeneralisierung spricht man, wenn der Stimulusbereich, auf den hin eine Person bestimmte Reaktionen zeigt, _____ wird.
142. / 143. Sind sich diskriminative Reize _____ , dann besteht die Wahrscheinlichkeit, daß von einem Reiz auf den anderen _____ wird.
144. Je unähnlicher sich Reizmuster sind, desto _____ ist die Wahrscheinlichkeit, daß zwischen diesen Reizmustern generalisiert wird.
145. Reizgeneralisierung wird im Unterricht am ehesten herbeigeführt, indem man _____ oder _____ Elemente in einzelne Aufgaben aufnimmt.
146. Reizgeneralisierung erspart uns, für jede Situation eine eigene _____ neu zu lernen.
147 Reizgeneralisierung kann auch zu – für bestimmte Situationen – _____ Reaktionen führen.

Übungen

1. Erläutern Sie bitte, worin an den folgenden Aufgabenstellungen im Englischunterricht die Reizgeneralisierung besteht.
   I see a mouse – I see it.
   I see a tree – ...
   I read a book – ...
   I buy a watch – ...
   Stimulus:
   This is a ... hat and this is a ... car.
2. Bitte erläutern Sie wieder, worin im Verhalten des Schülers eine Reizgeneralisierung zu sehen ist.
   Guido kommt etwas verspätet laut singend vom Schulhof in die Klasse, wo der Unterricht schon begonnen hat, und setzt sich an seinen Platz.
3. Sie haben im Unterricht den Begriff ‚Dreieck' eingeführt. Wie könnten Sie danach eine Generalisierungsübung machen und diesen Begriff dazu verwenden. Welche Generalisierungen könnten vorgeschlagen werden? Aufgrund welches Merkmals würden Sie einen Generalisierungsvorschlag stets für richtig halten?
4. Entwerfen Sie bitte zwei Aufgaben oder Situationen im Unterricht oder zu Hause, an denen Ihre Schüler oder Ihr Kind gemeinsam Elemente suchen können.
5. Ein Schüler soll die Wörter Haube, Made, geben, leben abschreiben. Er schreibt Haude, Mabe, gelen, leden. Was hat dieser Schüler falsch gemacht. Was kann er noch nicht?

Lösungsvorschläge

Selbstkontrollaufgaben – Wiederholung

141. ausgeweitet
142. / 143. ähnlich, generalisiert
144. geringer
145. ähnliche / gleiche
146. Kontingenz oder Verhaltensweise
147. unangemessenen

Übungen

1. Der Schüler muß seine Antwort ‚I see it' generalisieren von der Aufgabe ‚I *see a mouse*' auf ‚I *see a tree*'; danach ändert der S^D auch vom Merkmal ‚see' zu ‚read' und ‚buy', während das Objekt stets gewechselt hat. Aber die Reizsituation hat sich nur schrittweise geändert.
   In der anderen Aufgabe ist das Merkmal ‚black' vom Hut auf das Auto zu übertragen. Dabei ist stets von den anderen Merkmalen (Hut − Auto) zu abstrahieren. Es ist zwischen für diese Aufgabenstellung relevanten und irrelevanten Merkmalen (S^D) zu diskriminieren (siehe nächstes Kapitel).
2. Guido generalisiert von einer Situation (Schulhof) auf eine andere Situation (Klasse mit Unterricht) oder für diesen Fall anders ausgedrückt: Er unterscheidet nicht.
3. Man kann einzelne geometrische Formen suchen lassen, die alle unter den Begriff ‚Dreieck' fallen, d. h. auf die dieser Begriff generalisiert werden kann, zum Beispiel gleichschenkliges Dreieck, rechtwinkliges Dreieck usw. Entscheidend ist, daß alle Figuren das Merkmal drei Ecken aufweisen.
4. Kein Lösungsvorschlag möglich.
5. Der Schüler hat einige Buchstaben gleichgesetzt, die jedoch zu unterscheiden sind (siehe das Problem der Legasthenie).

2.3.8.2 Reizdiskrimination[1]

Nach den obigen Ausführungen gibt es Situationen und Lernaufgaben, bei denen es notwendig ist, daß eine Verhaltensweise *nicht* auf mehrere oder bestimmte Reize oder Reizmuster ausgedehnt wird oder daß die ursprünglich auf viele Reize geäußerten Reaktionen unter die Kontrolle eines einzelnen Reizes oder Reizmusters kommen sollen.

Definition: Reizdiskrimination
Unter Reizdiskrimination versteht man den Prozeß, bei dem eine Person in bezug auf bestimmte diskriminative Reize unterschiedlich reagiert.

Wird also eine Person mit mehreren Reizen (Situationen) konfrontiert, dann muß sie zwischen diesen diskriminieren lernen und sich jeweils unterschiedlich verhalten.

Reizdiskriminationen werden durch *differentielle* Verstärkung entwickelt, wobei die Hypothese zur ‚Wirkung der Darbietung positiver Reize' und zur ‚Löschung' als Erklärung herangezogen werden.

Neben diesen grundsätzlichen Arten von Konsequenzen ist es jedoch auch möglich und wird häufig praktiziert, daß auf die unangemessene

[1] Unter Diskri*mination* wird hier die Unterscheidung zwischen Gegenständen, Verhaltensweisen und ihren Merkmalen verstanden. Ausdrücklich ist damit nicht die soziale *Diskriminierung* gemeint, etwa gegenüber Minderheiten oder körperlich oder geistig behinderten Personen.

Reaktion nach einem S^D ein aversiver Reiz gegeben wird. Über die Wirkung von Strafreizen wurde ja keine einheitliche Hypothese wiedergegeben (siehe Kapitel 2.3.6.5), die hier eine eindeutige Prognose über die Wirkung von Strafreizen erlauben würde. Die Bedingungen für effektive und sparsame Anwendung von Strafreizen sind auch in diesem Zusammenhang zu beachten.

Aus den beiden letzten Abschnitten ist deutlich geworden, daß Reizgeneralisation und Reizdiskrimination eng aufeinander bezogene, aber entgegengesetzte Lernvorgänge sind. Beide Vorgänge sind für unser Lernen von großer Bedeutung. Einerseits wird Lernen durch Generalisierungen sehr effizient, indem sie viele einzelne Lernprozesse ersparen. Andererseits können Generalisierungen zu unangemessenem Verhalten führen, das durch das Diskriminationslernen korrigiert oder vermieden wird.

Selbstkontrollaufgaben – Wiederholung

148. Von Reizdiskrimination spricht man, wenn eine Person_____ kann, auf welchen von zwei Reizen hin sie eine bestimmte Reaktion zeigen soll.
149. Werden Reaktionen_____verstärkt, dann werden Reizdiskriminationen aufgebaut.
150. / 151. Bei der differentiellen Verstärkung wirken zwei lerntheoretische Hypothesen mit: Die Hypothese zur_____ und die Hypothese zur _____ .
152. Die Reizdiskrimination und die Reizgeneralisierung sind einander_____ Lernprozesse.

Übungen

1. Bitte geben Sie mit eigenen Worten eine Definition für *Reizgeneralisierung* und für *Reisdiskrimination*.
2. Erklären Sie einer dritten Person die Beziehung, die zwischen Reizgeneralisierung und -diskrimination besteht: Gemeinsamkeiten, Unterschiede.
3. Entwickeln Sie für eines Ihrer Unterrichts- oder Studienfächer oder für Lern- und Spielsituationen zu Hause eine Reihe weiterer Diskriminationsaufgaben, wie die folgende:
Tom is coming ... school (of oder *from*).
4. Bitte beantworten Sie folgende Frage schriftlich, um sich wirklich genau zu prüfen, und vergleichen Sie sie dann mit dem Text zu Beginn dieses Kapitels: Wie kann mit Hilfe zweier lerntheoretischer Hypothesen (Verfahren) der Aufbau der Diskriminationsfähigkeit allgemein dargestellt werden?
5. Bitte setzen Sie diese beiden Hypothesen und die dazu gehörenden Maßnahmen der Verhaltensmodifikation ein, um einem Lehrer bei folgendem Problem zu helfen: Der Lehrer möchte seine Schüler lehren, zwischen Sprechen in der Situation der Gruppenarbeit und des Frontalunterrichts zu unterscheiden.
6. Ein Lehrer schneidet seine positiven Verstärkungen ganz auf die individuellen Merkmale und Bedürfnisse eines Schülers zu. Welche Leistung erbringt er damit?

Lösungsvorschläge

Selbstkontrollaufgaben – Wiederholung

148. unterscheiden / diskriminieren
149. differentiell
150. / 151. positiven Verstärkung, Löschung
152. entgegengesetzte

Übungen
1. Siehe Text
2. Beide Verläufe Generalierung und Diskrimination *können* zu Lernfortschritten, aber auch zu unangemessenem Verhalten führen. Bei manchen Lernaufgaben sind beide Prozesse gleichzeitig zu leisten. Wenn etwa in der Mengenlehre Gegenstände unter Beachtung eines bestimmten Merkmals (S^D) zu einer Menge zusammengefaßt werden sollen (Generalisierung), ist dieser S^D gleichzeitig von anderen Merkmalen zu unterscheiden (Diskrimination).
Zunehmende Generalisierung bedeutet abnehmende Diskrimination.
3. Weitere Beispiele könnten sein:
Welches der folgenden Wörter reimt sich nicht mit den anderen?
could − good
would − *food* usw.
Die Schüler sollen verschiedene -ing-Formen unterscheiden lernen:
My aunt likes knitting. (gerund)
The knitting of a sweater takes her only a few days. (verbal noun)
Whenever she goes to see a friend, she takes her knitting. (concrete noun)
4. Positive Verstärkung (Hypothese 3)
Löschung (Hypothese 4)
Häufig wird jedoch auch auf aversive Reize zurückgegriffen.
5. Der Lehrer würde sich den Schülern im Gruppenunterricht, wenn sie sich über die Lernaufgabe unterhalten, positiv zuwenden.
Im Frontalunterricht würde er sich den Schülern bei Gesprächen über unterrichtsfremde und unterrichtsbezogene Themen nicht zuwenden.
Diese Empfehlungen sind (grob umrissen) aufgrund der differentiellen Verstärkung zu nennen. Wenn Sie in Ihrer Antwort damit nicht zufrieden waren und weitere Maßnahmen für notwendig hielten, dann stimmt Ihre Überlegung völlig mit dem Konzept der Verhaltensmodifikation überein. Nach dem Maßnahmenkatalog der Verhaltensmodifikation würde man den Schülern für jede Situation unterschiedliche Stimuli setzen, die Hinweise für das angemessene Verhalten geben würden: zum Beispiel Begründungen für das angemessene Verhalten oder für die Notwendigkeit, im Frontalunterricht (zumindest nicht so häufig) auch nicht über unterrichtsbezogene Themen zu sprechen. Die Maßnahmen würden also durch eine geeignete Stimuluskontrolle eingeleitet und ergänzt. Wichtig bleibt aber nach wie vor, daß Äußerungen des angemessenen Verhaltens zu verstärken und unangemessenes Verhalten zu ignorieren ist.
6. Der Lehrer unterscheidet genau zwischen einzelnen Schülern und ihrer Ansprechbarkeit für bestimmte Stimuli und ihren einzelnen Verhaltensweisen, er diskriminiert zwischen diesen Reizen.

2.3.8.3 Reaktionsgeneralisierung

Definition
Unter Reaktionsgeneralisierung versteht man die Ausweitung der Reaktionen, die auf einen Reiz oder eine Reizkombination hin geäußert werden.

Diese Generalisierung wird gezeigt, indem man *neue* Reaktionen in Gegenwart eines diskriminativen Reizes äußert, auf den man vorher nur mit einer bestimmten Verhaltensweise reagiert hat oder wenn man bei einem

S^D mit mehreren Verhaltensweisen zu reagieren vermag. Ein S^{D+} kontrolliert also mehrere unterschiedliche Verhaltensweisen, die alle positive Verstärkung erfahren. Bei der Reaktionsgeneralisierung werden mehrere Kontingenzen realisiert, ein Beispiel soll dies verdeutlichen.

Eine Lehrerin versucht, mit ihrer Klasse Möglichkeiten zu erarbeiten, um die Gefährlichkeit einer Kreuzung auf dem Schulweg zu beseitigen oder zu verringern. Die Kinder versetzen sich in die Lage ihrer Eltern oder sagen, was sie selbst tun würden: Bei der Schulleitung Schülerlotsen anfordern, die Polizei auf die gefährliche Kreuzung hinweisen, von der zuständigen Behörde Warnschilder verlangen, in der Schule am Beispiel dieser Kreuzung Verkehrserziehung durchführen etc. Die Lehrerin wird diese gezeigten Generalisierungen der Schüler jeweils verstärken und somit die Entwicklung einer *Verhaltensvielfalt* erreichen (Kreativität).

Die Aufzählung oder die tatsächliche Äußerung solcher Reaktionsketten geht dabei von einer bestehenden Kontingenz aus, und die Reaktionen, auf die generalisiert wird, dürften mit der bereits beherrschten Reaktion ähnlich sein. Diese Überlegung liegt der Hypothese zur Reaktionsgeneralisierung zugrunde, die als Erweiterung der Hypothese 3 aufzufassen ist.

Hypothese 7: Reaktionsgeneralisierung
Je ähnlicher eine Reaktion der bisher verstärkten Reaktion ist, desto größer ist die Wahrscheinlichkeit ihres Auftretens.

Dazu bringt Opp (1972) ein anschauliches Beispiel: Ein Kind erhält Schokolade, wenn es sagt: „Mutter, gib mir bitte etwas Schokolade", d. h. dieser Satz wird positiv verstärkt. Das Kind wird diesen Wunsch jedoch auch mit ähnlichen Worten, ähnlichem Tonfall etc. ausdrücken, die ebenfalls zur Verstärkung führen (S. 104).

Mit Reaktionsgeneralisierung ist auch gemeint, daß ein Lehrer auf ein erwünschtes Schülerverhalten mit *unterschiedlichen Verstärkungen* reagieren können soll. So verhindert er zum Beispiel die oben besprochene *Gewöhnung*, die die Wirkung seiner Verstärkung verringern würde.
Pädagogisch gesehen ist Reaktionsgeneralisierung vor allem wichtig, wenn *aktive Verhaltensmuster zur Lösung von Problemen im sozialen Bereich* entwickelt werden sollen. Personen, die man als kreativ bezeichnet, vermögen eine Vielzahl von Reaktionen für eine Aufgabe oder in einer Situation zu äußern. Bitte erinnern Sie sich auch an die Untersuchung von Goetz / Salmonson (1972), die in Kapitel 2.3.5 besprochen wurde. Dort lernten Kinder, die bisher in stereotyper Weise malten, abwechslungsreichere Figuren etc. zu malen. Sie wurden für stets differenziertere Figuren positiv (beschreibend) verstärkt.
Beim obigen Beispiel ist es denkbar, daß Kinder Vorschläge machen, die nach Ansicht der Lehrerin und der Klasse keinen Beitrag zur Lösung des Problems bringen würden. Diese Vorschläge würden zurückgewiesen, es würde nicht darauf eingegangen werden, d. h. diese Kinder würden für

ihre Verhaltensvorschläge keine Verstärkung erhalten. Wie bei der Reizgeneralisierung können auch hier *unangemessene Generalisierungen* auftreten. Unter den Reaktionen auf eine Reizkombination (zum Beispiel Verkehrsproblem) hin erfolgt eine Auslese, je nachdem, ob eine Reaktion angemessen ist oder nicht. Damit ist die letzte Art von Veränderungen im Verhältnis von Stimulus und Reaktion gemeint, die Reaktionsdifferenzierung.

Selbstkontrollaufgaben – Wiederholung

153. Bei der Reaktionsgeneralisierung wird der Bereich der Reaktionen auf einen S^D hin ____.
154. Insbesondere werden solche Reaktionen verstärkt, die der bisher verstärkten Reaktion ____ sind.
155. Auch bei der Reaktionsgeneralisierung können, wie bei der Reizgeneralisierung, ____ Reaktionen gezeigt werden.
156. Die Korrektur unangemessener Reaktionsgeneralisierungen erfolgt durch die ____.
157. Reaktionsgeneralisierung ist das Gegenteil der Reaktions ____.

Übungen

1. a) Welche besondere Form der Veränderung im Verhältnis zwischen Reiz und Reaktion würde erfolgen, wenn das Kind im obigen Beispiel auch andere Dinge als Schokolade auf die beschriebene Art erbitten würde?
   b) Welche Form der Veränderung würde erfolgen, wenn es zum Beispiel mit ‚sehr bittendem' bzw. mit ‚etwas bittendem' Tonfall nach Limonade fragen würde?
2. Bitte erdenken Sie sich eine Lernaufgabe, bei der Ihre Schüler eine Reaktionsgeneralisierung erlernen sollen.

Lösungsvorschläge

Selbstkontrollaufgaben – Wiederholung

153. ausgeweitet
154. ähnlich
155. unangemessenen
156. Reaktionsdifferenzierung
157. differenzierung

Übungen

1. a) Reizgeneralisierung
   b) Reaktionsgeneralisierung
2. Beispiel: Auf die Frage „How are you?" sollen die Schüler lernen, verschiedene Antworten zu geben:
Thank you, very well.
Thank you, I feel fine.
I am well today.
I am all right, thank you.

2.3.8.4 Reaktionsdifferenzierung – Shaping

Als letztes Lernstadium ist die Reaktionsdifferenzierung zu besprechen. Der Sprachgebrauch zu diesem Punkt ist in der Literatur uneinheitlich. Manche Autoren sprechen nur von *Reaktionsdifferenzierung*, wenn – gemessen an einem bestimmten Zielverhalten – schon Verhaltensansätze vorhanden sind, die nur noch *auf das Zielverhalten hin verfeinert* werden müssen. Davon unterscheiden sie solche Lernprozesse, die ohne Voraussetzungen *zu neuen Verhaltensweisen führen* sollen. Die letzte Form wird dann als *Verhaltensformung* oder *Shaping* bezeichnet. Die meisten Autoren treffen diese Unterscheidung nicht, obwohl sich beide Lernprozesse bezüglich der Art und des Ausmaßes der Steuerung (Kontrolle der S^D) unterscheiden dürften. Im Hinblick auf die Art der Verstärkung unterscheiden sich diese Ansätze jedoch nicht. Bei beiden erfolgen die Konsequenzen nach der *differentiellen Verstärkung*.

In diesem Kurs wird aus diesem Grund ebenfalls keine Trennung von Reaktionsdifferenzierung und Verhaltensformung getroffen. Hier werden also Reaktionsdifferenzierung und Verhaltensformung (Shaping) gleichbedeutend angesehen, der bekanntere Ausdruck Verhaltensformung / Shaping wird verwendet.

Definition: Verhaltensformung – Shaping
Unter Verhaltensformung versteht man eine Maßnahme, mit der neue oder komplexere Verhaltensweisen entwickelt werden. Dabei werden sukzessive Annäherungen an das Zielverhalten verstärkt.

Eine Verhaltensäußerung kann man nach mehreren Gesichtspunkten betrachten: Man kann die Häufigkeit, die Intensität, die Dauer oder die Topographie (Ausformung, Gestalt) eines Verhaltens beachten. (Die Topographie eines Verhaltens wird zum Beispiel an der ‚Technik' eines Sportlers besonders sichtbar.) Eine bestimmte Topographie und evtl. die anderen Merkmale stellen bei einem gegebenen Reiz oder in einer gewissen Situation (S^D) das angemessene *Zielverhalten* dar, das durch den Prozeß der Verhaltensformung erreicht werden soll.
Beispiele:
Im Sportunterricht soll die ‚Technik' des Kugelstoßens erlernt oder verbessert werden, im Fremdsprachenunterricht sollen phonetische Fertigkeiten erworben werden; ein Junge kann sich nur für sehr kurze Zeit auf eine Aufgabe konzentrieren, bei ihm soll die Konzentrationsspanne erweitert werden.
Diese Beispiele deuten schon an, daß es illusorisch wäre, eine *sofortige Erreichung* des Zielverhaltens zu erwarten. Vielmehr sind unter Umständen sehr viele Versuche – verbunden mit häufigen Rückschlägen – not-

wendig, bis Verhaltensäußerungen dem angestrebten Standard (Topographie, Häufigkeit, Intensität und Dauer) entsprechen.
Angesichts dieses evtl. langen Lernprozesses geht man in der Verhaltensformung von folgendem Grundsatz aus:

Bei der Verhaltensformung werden nicht erst die Verhaltenserreichung, sondern bereits Verhaltens*annäherungen* auf das Ziel hin positiv verstärkt.

Dieser Grundsatz wird in der Praxis häufig nicht befolgt oder gar für falsch angesehen, obwohl seine Ablehnung besagt, daß die vielen Versuche während des Lernprozesses nicht beachtet, nicht verstärkt werden.

Das Problem dieses Verstärkungskonzepts besteht darin, aufeinander folgende *Annäherungen* an das Zielverhalten in Form von *Lernschritten zu planen* bzw. beim Ausführen des Verhaltens *wahrzunehmen* und *zu verstärken*.

Das zweite lerntheoretische Element der Verhaltensformung besteht wiederum in der Nicht-Verstärkung oder Löschung *nicht mehr* angemessener Verhaltensäußerungen. Nicht mehr angemessen sind solche Reaktionen, die gegenüber inzwischen erreichten Verhaltensäußerungen einen Rückschritt darstellen. Ein Schüler erhält keine Verstärkung, wenn er sich nur fünf Minuten einer Arbeit zugewendet hat, obwohl er früher mehrfach längere Zeiten schaffte. Die Verhaltensformung wird wie die Reizdiskrimination über die *differentielle Verstärkung* angestrebt.

Während aber bei der Reizdiskrimination eine bereits verfügbare Verhaltensweise nur bei einer bestimmten Reizkonstellation (S^{D+}) gezeigt werden soll, wird bei der Reaktionsdifferenzierung eine *noch ‚unfertige' Verhaltensweise auf ein Zielverhalten (weiter)entwickelt*, indem bereits *Annäherungen* an das Zielverhalten positiv verstärkt und stärkere Abweichungen gelöscht werden. Die lerntheoretischen Mechanismen sind also bei beiden Lernstadien dieselben und werden hier nochmals wiedergegeben.

Verhaltensformung wird durch differentielle Verstärkung entwickelt, wobei die lerntheoretischen Hypothesen 2 ‚Wirkung der Darbietung positiver Reize' und 4 ‚Löschung' als Erklärung herangezogen werden.

Für die Möglichkeit, Strafreize als Konsequenzen für unangemessene Verhaltsäußerungen zu geben, gelten ebenfalls die Ausführungen in den Kapiteln 2.3.6.4 und 2.3.6.5.

Bisher wurde Verhaltensformung als *differentielle Verstärkung sukzessiver Annäherungen* an ein Zielverhalten dargestellt. Sie kann noch unter einem weiteren Aspekt betrachtet werden, bei dem vor allem die *Bedingungen für die Verstärkung* nochmals zur Geltung kommen. Anfangs dürften die Antworten auf eine Lernaufgabe noch fehlerhaft und ungenau sein; dennoch werden sie positiv verstärkt. Die Antworten werden also zunächst an einem großzügigen Maßstab gemessen; die *Bedingungen* für positive Verstärkungen sind *vorerst noch leichter*, sie werden aber *zusehends schwerer* gemacht. Diese Verstärkungspraxis verlangt, daß laufend neue und strengere Maßstäbe festgelegt werden, an denen die Verhaltensäußerungen gemessen werden. Diese neuen Maßstäbe entsprechen aber den *Zwischenzielen*, die man bekanntermaßen für einzelne Lernsequenzen des Unterrichts aufstellt. Gezielte Verhaltensformung setzt nicht nur die Formulierung des *endgültigen Zielverhaltens* voraus, sondern entsprechend dem Prinzip der Verstärkung sukzessiver Annäherung an dieses Zielverhalten auch die Formulierung von *Zwischenzielen*. Diese dienen sowohl dem Lerner als auch dem Verstärkenden als Orientierung (S^{D+}).

In lerntheoretischen Experimenten wurde die Verhaltensformung unter der strengen Bedingung erforscht, daß nur zufällige oder ‚natürliche' Schwankungen des geäußerten Verhaltens in die gewünschte Richtung verstärkt werden. Im Unterricht oder in der Therapie wäre es jedoch ein langwieriges und nicht vertretbares Vorgehen, auf solch zufällige Annäherung zu warten. Hier wird die Verhaltensformung als *aktiver Prozeß* aufgefaßt, indem durch Einführen bestimmter diskriminativer *Reize (Stimuluskontrolle)* die Annäherungen an das gewünschte Endverhalten gesteuert und beschleunigt werden (siehe auch die Lösung zu Aufgabe 5 im vorigen Kapitel). Auf diesen Aspekt wird unter dem Abschnitt ‚Verfahren der Verhaltensmodifikation' ausführlicher eingegangen.

Nach diesen Ausführungen ist deutlich geworden, welche zentrale Bedeutung der Verhaltensformung im Unterricht zukommt. Bushell (1973, 31 f.) mißt ihr so viel Gewicht bei, daß er Verhaltensformung – wohl etwas überschwenglich – als Synonym für ‚Unterrichten' bezeichnet. Die Verhaltensformung – verbunden mit Stimuluskontrolle – legt dies wohl nahe.

Immerhin wird durch das Prinzip der sukzessiven Annäherung und der dazu notwendigen Aufstellung von Zwischen- und Endzielen die Beziehung zwischen diesem Verfahren der Verhaltensmodifikation und der Unterrichtsplanung und -durchführung sehr deutlich sichtbar.

Zum Abschluß erscheint eine kurze Betrachtung aller dieser behandelten Lernstadien angebracht.

Die Lernstadien, in denen sich ein Lerner bewegen kann, wurden isoliert behandelt, um ihre einzelnen Komponenten und die vorherrschenden lerntheoretischen Prinzipien klar herauszustellen. Tatsächlich befindet sich ein Lerner häufig gleichzeitig oder kurz nacheinander in einigen oder allen vier Lernstadien. Beim Erlernen einer Fremdsprache werden zum Beispiel abwechselnd Lernaufgaben gestellt, die in enger zeitlicher Folge und in *einem* inhaltlichen Bereich zu ihrer Bewältigung alle vier Lernstadien erfordern (siehe die einzelnen Aufgaben zum Englischunterricht). Dabei werden die vielfältigen Beziehungen unter diesen Lernstadien deutlich. Reizdiskrimination und Reizgeneralisierungen sind einander entgegengesetzte Lernverläufe, bei der Reizdiskrimination wird *eine* Reaktion auf einen S^D hin konditioniert, bei der Reaktionsdifferenzierung wird auf ein bestimmtes Ziel*verhalten* hin konditioniert.

Eine gute Übersicht über diese vier Lernverläufe bietet Jahnke (1967, 188). Sie wird hier in etwas vereinfachter Form wiedergegeben (Abb. 9).

	Ausdehnung	Einschränkung
Reiz	Reizgeneralisierung	Reizdiskrimination
Reaktion	Reaktionsgeneralisierung	Reaktionsdifferenzierung

Abb. 9: Schema zu Generalisierungs- und Diskriminationsvorgängen

Selbstkontrollaufgaben – Wiederholung

158. Den Verhaltensaufbau, bei dem allmähliche Verhaltensverbesserungen positiv verstärkt werden, nennt man ____.
159. Der Fachausdruck für die Verstärkungsart bei der Verhaltensformung heißt ____.
160. Bei der Verhaltensformung werden bereits sukzessive ____ an das Zielverhalten verstärkt.
161. / 162. Bei der differentiellen Verstärkung kommen folgende zwei lerntheoretischen Prinzipien zur Anwendung: ____ und ____.
163. Gelöscht werden Verhaltensäußerungen, die (gegenüber früheren Äußerungen) dem ____ nicht angemessen sind.
164. Verhaltensäußerungen werden an einem bestimmten Maßstab gemessen. Dieser jeweilige Maßstab entspricht den ____, die man für den Unterrichtsverlauf aufstellt.
165. Der Prozeß der Verhaltensformung kann beschleunigt werden, indem man ihn mit der ____ kombiniert.

Übungen

1. Bitte definieren Sie mit eigenen Worten die Begriffe Reaktionsgeneralisierung und Verhaltensformung (Shaping).
   Suchen Sie daran Unterschiede und Gemeinsamkeiten.
2. Verwenden Sie bitte die obige Graphik und arbeiten Sie mit eigenen Worten nochmals die vier behandelten Begriffe und die damit bezeichneten Lernprozesse durch.
3. Bitte erstellen Sie eine Aufgabe (zum Beispiel für Fremdsprachenunterricht), bei der allmählich eine bestimmte Fähigkeit der Aussprache gelehrt wird, indem Sie auch aufzeigen, wie die Verstärkung dabei eingesetzt wird.

4. Stellen Sie bitte eine Skala von Verhaltensweisen auf, die ein Schüler beherrschen muß, damit er ein den Erfordernissen des Gruppenunterrichts angemessenes Verhaltensrepertoire besitzt. Diese Erfordernisse sollten Sie zunächst global angeben und anschließend eine Folge von Verhaltensweisen genauer umschreiben, die diese globale Zielangabe repräsentieren.
5. Verwenden Sie bitte alle zum Englischunterricht und von Ihnen zu anderen Bereichen entwickelten Lernaufgaben und Lösungen, um an deren Gegenüberstellung und Vergleich herauszustellen, wie diese vier Lernprozesse bei bestimmten komplexeren Lernaufgaben gleichzeitig oder nahe beieinander auftreten.
6. Mit welcher Maßnahme wird die Verhaltensformung gekoppelt, um die Äußerung von Verhalten anzuregen und ihr von vornherein Richtung zu geben?
7. Bitte nennen Sie einige Arten von Lernhilfen und anderen S^D, mit denen der Lehrer im Unterricht das Äußern von Verhaltensversuchen auf das Endverhalten hin stimulieren könnte.

Lösungsvorschläge

Selbstkontrollaufgaben – Wiederholung

158. Verhaltensformung (Shaping)
159. differentielle Verstärkung
160. Annäherungen
161. / 162. positive Verstärkung, Löschung
163. Zielverhalten
164. Zwischenzielen
165. Stimuluskontrolle

Übungen

1. Beide Lernverläufe konzentrieren sich auf die Verhaltensseite einer Kontingenz. Bei der Generalisierung wird das Verhaltensrepertoire vielseitiger. Bei der Verhaltensformung werden Verhaltensäußerungen in der Topographie verfeinert. Bei der Generalisierung werden die verschiedensten Verhaltensäußerungen positiv verstärkt, bei der Verhaltensformung dagegen nur solche, die bezüglich des Zielverhaltens einen Lernfortschritt bedeuten oder damit vereinbar sind. Andere Verhaltensäußerungen werden dagegen gelöscht.
2. Keine Lösungsangabe möglich.
3. Eine mögliche Aufgabe:
Erlernen der Aussprache des *ch* wie in *chair:*
bei /ʃ/ ignorieren
bei /tʃ/ verstärken
Dies gilt für alle anderen Aussprache- und Betonungsübungen, wobei natürlich Zwischenstufen denkbar sind.
4. Beispiele:
andere ausreden lassen,
Vorschläge machen (vortragen können),
andere nicht herabsetzen,
sich durchsetzen können.
5. Siehe die jeweiligen Textstellen.
6. Stimuluskontrolle; der Lehrer bietet dem Schüler solche S^D, die einen Hinweis auf das erwünschte Verhalten geben.
7. Beispiele: Aufgabenstellungen, Fragen, Zusatzfragen, Teilantworten, Zergliederungen von Aufgabenstellungen, Herausheben von Aufgabenteilen.

2.4 Lernen am Modell (Imitation)

Nach dem operanten Konditionieren gilt es, als dritten lerntheoretischen Ansatz das ‚Lernen am Modell' zu behandeln. Unter Lernen am Modell werden solche Lernvorgänge gefaßt, bei denen eine Person durch Beobachten des Verhaltens einer anderen Person deren Verhalten ‚nachahmt'.
Das operante Konditionieren und das Lernen am Modell stehen in einer gewissen Konkurrenz zueinander. Beide beanspruchen, den Erwerb neuen Verhaltens zu erklären und zu erzielen. Andererseits sind die beiden Ansätze nicht vollkommen voneinander zu trennen, da zum Beispiel beim Lernen am Modell die positive Verstärkung (siehe operantes Konditionieren) eine große Rolle spielt.

Nach Kapitel 2.4 sollten Sie in der Lage sein:
1. mit eigenen Worten den Begriff ‚Lernen am Modell' zu bestimmen,
2. den Lernbereich zu umschreiben, der dem Lernen am Modell vor allem zugeschrieben wird,
3. die drei Problemsituationen (Lernausgangspunkte) des Modellernens zu nennen und zu erläutern,
4. die vier sogenannten ‚Teilprozesse' als Bedingungen des Lernens am Modell zu nennen, ihre Bedeutung für den Lernvorgang aufzuzeigen und dabei auch Beispiele zu verwenden,
5. dasselbe für die ‚äußeren Bedingungen' des Modellernens zu tun.

2.4.2 Der Begriff des Lernens am Modell

Beim Lernen am Modell beobachtet eine Person das Verhalten einer anderen Person und die Konsequenzen dieses Verhaltens und versucht, dieses Verhalten – ja nachdem, ob die Konsequenzen positiv oder negativ sind – ebenfalls zu zeigen oder es nicht zu zeigen. Die Konsequenzen oder auch die diskriminativen Reize, die eine Modellperson zum Verhalten veranlaßten, treffen also die beobachtende und nachahmende Person nicht direkt, sondern die Modellperson – *stellvertretend* für die beobachtende Person. Dazu ein kurzes Beispiel (nach Schulze 1973, 94): „Ein in der Klasse anerkanntes Kind macht Faxen (Modell) und bringt die anderen Kinder, während der Lehrer gerade mit etwas anderem beschäftigt ist, zum Kichern (positive Folge). Unter diesen Bedingungen ist die Wahrscheinlichkeit erhöht, daß andere Kinder ebenso anfangen, Faxen zu machen."
Die anderen Kinder sehen also nur, daß dieses eine Kind (Modell) von anderen Kindern verstärkt wird. Sie werden also das Verhalten, das bei anderen zu positiven Konsequenzen führte, ebenfalls zeigen.

Nach Bandura (1969, 118) können, wie die lerntheoretische Forschung erweist, sämtliche Lernereignisse, die sich durch direkte Erfahrung aneignen lassen, auch auf *indirektem, stellvertretendem Wege durch Beobachtung des Verhaltens anderer Personen* und *dessen Konsequenzen* zustandekommen.
So können durch Lernen am Modell komplizierte Reaktionsmuster allein durch Beobachtung von Modellverhalten erworben werden, emotionale Reaktionen durch beobachtendes ‚Miterleben' erlernt werden. Angst- und Vermeidungsverhalten können gelöscht und für bestimmte Verhaltensweisen können Hemmungen aufgebaut werden. So ist es denkbar, daß Prüfungsängste auch dadurch aufgebaut werden, daß Studierende jüngerer Semester ältere Studenten, die vor Beginn einer Prüfung Angst zeigen, beobachten.
Außerdem kann bereits erlerntes Verhalten in seiner Häufigkeit gesteigert und nach sozialen Gesichtspunkten gelenkt werden (Bandura 1969, 118).
Für diese Lernereignisse werden neben ‚Lernen am Modell' oder ‚Modellernen' sehr verschiedene Bezeichnungen gebraucht: Imitation, Beobachtungslernen, Identifikationslernen, stellvertretendes Lernen. In diesem Papier werden jedoch nur die Begriffe ‚Lernen am Modell' oder ‚Modellernen' gleichbedeutend gebraucht.
Zunächst ist zu fragen, wie die Fähigkeit und das Verhalten ‚Beobachten und Nachahmen' selbst erworben werden. Sulzer und Mayer (1972, 59) bezeichnen das Imitationsverhalten als eine *generalisierte Reaktion,* die dadurch gelernt wird, daß *Nachahmungsversuche positive Verstärkung* erfahren, und zwar bei der Nachahmung der verschiedensten Verhaltensweisen in unterschiedlichen Situationen. Man kann deshalb von einem Nachahme-Verhalten *an sich,* unabhängig vom nachzuahmenden Verhalten, sprechen (siehe Generalisierung in Teil I, Kapitel 2.3.8).
Die positiven Verstärkungen erfährt eine Person jedoch häufig kurz oder bald nachdem ihr ein Modell geboten wurde. Es kommt also zu einer klassischen Konditionierung zwischen der ursprünglich neutralen Situation (S^D) ‚Modelldarbietung' und positiver Konsequenz bei Nachahmungsverhalten. Ein Modell ist also zunächst als ein *diskriminativer Reiz* aufzufassen, der einen positiven Reiz für das Beobachten und Nachahmen des Modells in Aussicht stellt, unabhängig davon, worin das imitierte Verhalten besteht.
Selbstverständlich kann das Erlernen dieser generalisierten Reaktion durch Lernen am Modell selbst erworben werden, wenn eine Person nämlich sieht, daß eine dritte Person für das Nachahmen eines Modells positiv verstärkt wird. Der Erwerb dieser Reaktion kann also, je nach Lernmöglichkeit, sowohl nach dem operanten Konditionieren als auch nach dem Modellernen erklärt werden.

Eine Person lernt also zweierlei: Erstens die allgemeine, generalisierte Tendenz, Modelle mit positiven Konsequenzen nachzuahmen bzw. mit negativen Konsequenzen nicht nachzuahmen, zweitens die spezifischen, am Modell beobachteten Verhaltensweisen.
Es ist wichtig hervorzuheben, daß diese Lernprozesse hier aus Darstellungsgründen isoliert werden. Tatsächlich können sie nicht getrennt verlaufen. Jedesmal wenn eine Person am allgemeinen Aspekt ‚Nachahmen-Können' lernt, tut sie dies, indem sie *gleichzeitig ein konkretes Verhalten nachzuahmen lernt*.
An dieser Stelle scheint es angebracht, einem gelegentlich zu hörenden Einwand gegen das Lernen am Modell zu begegnen. Es wird gesagt, Lernen am Modell sei ‚bloßes Imitieren, Kopieren, Nachahmen' und deshalb eine primitive Form des Lernens. Diese Sichtweise ist aus zwei Gründen verzerrrt. Einmal gibt es sinnvolle Lernaufgaben, bei denen es wichtig ist, genau das Verhalten des Modells zu kopieren, zum Beispiel beim Erlernen der Aussprache einer Fremdsprache, beim Erwerb einer besonderen Technik in einer sportlichen Disziplin. Andererseits konnte in empirischen Untersuchungen gezeigt werden, daß Kinder beim Erlernen von bestimmten Frageformen in bezug auf einen Gegenstand selten die genaue Formulierung des Modells kopierten, sondern nur die grundsätzliche Struktur der Frageform übernahmen, im übrigen bei der Wahl konkreter Worte unabhängig blieben (siehe zum Beispiel Rosenthal und Zimmermann 1972). Diese Überlegungen zeigen, daß die genannten Einwände wegen ihrer Pauschalität nicht haltbar sind. Lernen am Modell hat sich als ein sehr effektives Lernverfahren herausgestellt (siehe zum Beispiel Spracherwerb) und sollte im Hinblick auf die jeweilige Lernaufgabe beurteilt werden.
Auf die Bedingungen, unter denen diese Lernprozesse verlaufen, wird in Kapitel 2.4.3 eingegangen. Vorher werden in Kapitel 2.4.2 spezifische Lernsituationen des Lernens am Modell unterschieden.

2.4.2 Problemsituationen und Effekte des Modellernens

Bandura (1969, 120) unterscheidet drei Arten von Verhaltensänderungen, die durch Lernen am Modell bewirkt werden können. Diese drei verschiedenen Lerneffekte sind das Ergebnis von Lernprozessen, die *von drei unterschiedlichen Lern- und Problemsituationen* ausgehen:
1. Das Lernproblem besteht im *Fehlen einer Verhaltensweise,* ein Verhalten wurde noch nicht erworben. Der Lerneffekt aufgrund des Modellernens ist dann der *Erwerb einer neuen Verhaltensweise.* Bandura bezeichnet dies als *Effekt des Modellernens* oder *modeling effect* (kaum angemessen zu übersetzen).

Schüler können zum Beispiel den Bleistift noch nicht richtig halten, Wörter einer Fremdsprache nicht aussprechen, sie beherrschend die Technik des Hürdenlaufens nicht oder ein Lehrer kann keine offenen, sondern nur geschlossene Fragen stellen. Zum Erlernen dieser Verhaltensweisen machen der Lehrer oder einzelne Schüler diese Verhaltensweisen vor. Nachahmungsversuche werden positiv verstärkt, was alle lernenden Schüler bei ihrem Klassenkameraden beobachten.

2. Die zweite Problemsituation zeigt sich darin, daß ein bereits erworbenes Verhalten *zu selten* oder *zu häufig* geäußert wird. Durch Lernen am Modell wird die Verhaltensrate entweder erhöht *(Enthemmung)* oder sie wird gesenkt *(Hemmung)*. Das Modellernen geht meist so vor sich, daß der Lernende positive Konsequenzen miterlebt (Verhaltensanstieg – Enthemmung) oder Strafkonsequenzen beobachtet (Verhaltenssenkung – Hemmung).

Ein Lehrer kann zum Beispiel positiv verstärken, aber er tut es nicht häufig genug, oder er versteht zu ignorieren, aber nicht konsequent. Eine Schülerin meldet sich im Unterricht, aber nur sehr selten.

3. Beim dritten Lerneffekt kann man weniger von einer Problemsituation sprechen, die Lernvoraussetzung besteht in einem bereits erworbenen Verhalten, das nicht erst gehemmt wurde oder enthemmt werden muß. Eine Person wird einfach durch ein Modell, das als diskriminativer Stimulus aufgefaßt wird, zur Nachahmung *angeregt*. Bandura nennt dies *Reaktionserleichterung*.

Dazu ein geläufiges Beispiel:
Kinder machen sich einen Spaß daraus, als Gruppe aufgeregt und angestrengt an einem Haus hochzusehen, was Passanten häufig veranlaßt, ebenfalls hochzuschauen.

Man unterscheidet also beim Lernen am Modell drei ‚Lernaufgaben' bzw. drei spezifische Effekte:

1. Es muß zunächst ein Verhalten erworben, erlernt werden,
2. ein erlerntes Verhalten soll in seiner Häufigkeit verändert werden, es soll häufiger oder seltener geäußert werden,
3. ein weiterer Effekt besteht in der situativen Anregung einer Verhaltensweise.

2.4.3 Bedingungen des Modellernens

Anschließend ist nun zu fragen, welche allgemeinen Bedingungen beim Erlernen dieser drei soeben behandelten Lernprobleme vorherrschen müssen. Lernen am Modell besagt, daß der Lernende mit einem Modell konfrontiert wird. Dieses Modell braucht nicht notwendigerweise *real* vorhanden zu sein, es kann auch als *Film* oder in einer sonstigen *symbolischen* Form präsentiert werden. Dieses Instruktionspapier zum Beispiel ist in diesem Sinne ein Modell für Verhaltensmodifikation, die in symbolischer, insgesamt gesehen in sehr komplexer Form dargestellt wird. Es sind noch weitere Bedingungen zu erfüllen, die als *Teilprozesse* des Lernvorgangs aufzufassen sind; darüber hinaus gibt es noch andere Bedingungen, die als *äußere Bedingungen* bezeichnet werden können (Vogl 1974, 95 ff.).

2.4.3.1 Teilprozesse des Lernens am Modell

Bandura (1969, 135) hebt hervor, daß das Modellernen ein komplexer Vorgang sei und in mehrere Komponenten bzw. Teilprozesse zu zerlegen sei. Diese Teilprozesse sind:
— Aufmerksamkeitsprozesse
— Prozesse des Behaltens
— Prozesse der motorischen Reproduktion
— Belohnungs- und motivationale Prozesse

Aufmerksamkeitsprozesse

Der Beobachtende steht häufig einem Modell gegenüber, das ein recht komplexes Muster von Reizen darstellt, und dieses vielfältige Reizmuster steht seinerseits in einer komplexen Situation. Das Problem besteht für den Beobachter (Lerner) darin, aus dieser vielfältigen Reizkonstellation die *relevanten* Reize (Reizmuster) zu erkennen, sie von anderen Reizen zu unterscheiden und sie genau zu beobachten. Diese Leistungen erfordern die *Aufmerksamkeit* des Beobachters („attentionalprocess" — Bandura 1969, 134).

Man kann eine ganze Reihe von Faktoren finden, von denen die Aufmerksamkeit abhängen kann: Dies können einerseits Merkmale des Modells, andererseits des Beobachters sein. Ein Modell kann sich durch ‚physikalische Eigenschaften' (Stimulusintensität, Größe des Modells) auszeichnen oder durch ‚Persönlichkeitsmerkmale des Modells' wie sozialer Status, Macht, Fähigkeiten, Alter, Geschlecht, und sozialer und ästhetischer Aufforderungscharakter. Auf seiten des Beobachters können seine Selbständigkeit-Abhängigkeit, Lern- und Verstärkungsgeschichte, sein Geschlecht und sein sozialer Status von Bedeutung sein. Einige dieser Merkmale, wie zum Beispiel Merkmale des Modells und die Verstärkungsgeschichte des Lerners, können vom Lehrer beeinflußt und für das Beobachtungslernen systematisch eingesetzt werden. Andere Komponenten, die zwar auch wirkungsvoll sind, können nicht beeinflußt werden. Sie sind zumindest kurzfristig gegeben.

Prozesse des Behaltens

Der nächste wichtige Teilprozeß, von dem Bandura spricht, ist das Behalten (Speichern) des beobachteten Verhaltens des Modells. Dieses Verhalten muß häufig zu späteren Zeitpunkten (ohne Modell) nachgeahmt werden, außerdem ist bekannt, daß solche Modellhandlungen tatsächlich nach längerer Zeit wieder erinnert und nachgeahmt werden. Auch hier gibt es einige Faktoren, die nach den Ergebnissen der Gedächtnisforschung das Behalten beeinflussen. So ist es zum Beispiel wichtig, wie häufig man ein Modell beobachten kann, ob man ihm in gehäufter oder verteilter Folge begegnet. Außerdem ist eine symbolische Kennzeichnung einer abbildlichen vorzuziehen. Ferner ist es von Bedeutung, daß zwischen den Modelldarbietungen unterschiedliche Beschäftigungen liegen.

Prozesse der motorischen Reproduktion

Der dritte Teilprozeß *(Prozeß der motorischen Reproduktion)* macht das notwendige Vorhandensein von Lernvoraussetzungen deutlich. Verfügt ein Beobachter nicht über die für ein zu lernendes Verhalten erforderlichen *motorischen Teilverhaltensweisen,* dann dürfte eine Reproduktion von beobachteten und gespeicherten Reaktionen (= zu lernendes Verhalten) nicht möglich sein, so daß zuerst eine Schaffung der Lernvoraussetzungen notwendig ist. Dies kann durch schrittweises Modellernen (graduate modeling) geschehen.
Bandura spricht hierbei nur von motorischen Voraussetzungen. Es ist aber anzunehmen, daß nicht nur in diesem Bereich, sondern auch in kognitiven und affektiven Bereichen die notwendigen Voraussetzungen erworben worden sein müssen, damit man die komplexere, modellierte Verhaltensweise nachahmen kann. Die motorische Reproduktion kann nach Bandura (S. 142) auch dann schwierig sein, wenn ein komplexes Verhalten gelernt wird, bei dem mehrere Teilreaktionen genau koordiniert werden müssen, wie beim Geigenspielen, Golfspielen oder Turnen. Hier ist neben einem kompetenten Modell einige Praxis (Verhaltensversuche) notwendig, von der dann Rückmeldung über den Genauigkeitsgrad der Nachahmung erfolgt.

Belohnungs- und motivationale Prozesse

Auf den vierten Teilprozeß wurde bei den Ausführungen zur Aufmerksamkeit andeutungsweise schon eingegangen, indem die Motivation des Beobachtenden als eine Variable, von der die Aufmerksamkeit abhängt, genannt wurde. Hier dreht es sich darum, daß eine Person zwar Modellverhalten erwerben kann, daß es aber selten zu einer Äußerung dieses Verhaltens kommen kann, wenn negative Sanktionen oder ungünstige *Verstärkungsbedingungen* bestehen (Bandura 1969, 142). Mit der Einführung von *positiven Verstärkungen* für die Äußerung des beobachteten Verhaltens wird dieses Verhalten vom Lernenden häufiger gezeigt werden. Aber die Verstärkungen wirken sich nicht nur auf die Häufigkeit von Verhaltensäußerungen aus, sondern begünstigen auch die Konzentrierung auf relevante Modellmerkmale und auf die Diskrimination zwischen Modellreizen (siehe die eben behandelten Teilprozesse).
Aus der Erörterung der vier Teilprozesse wird deutlich, daß das Beobachten und Nachahmen eines Modells komplexe Vorgänge sind, die viele Möglichkeiten für ein Scheitern eines Lernprozesses aufzeigen oder

positiv ausgedrückt, viele Ansatzpunkte zur Unterstützung und Gestaltung des Lernprozesses bieten. So kann man versuchen,

- die Wahrnehmung des Modells und
- das Behalten der Modelläußerungen zu begünstigen,
- die Lernvoraussetzungen für den Erwerb komplexeren Verhaltens zu schaffen,
- für günstige Verstärkungsbedingungen zu sorgen.

Nach diesen ‚Teilprozessen' sind noch die als ‚äußere Bedingungen' bezeichneten Einflußgrößen zu behandeln, die ebenfalls Gestaltungsmöglichkeiten bieten.

2.4.3.2 Äußere Bedingungen des Modellernens

Diese Darstellung ist eng an die Ausführungen von Vogel (1974, 97 f.) angelehnt.

Die eben besprochenen Verstärkungsprozesse können auf unterschiedliche Weise angelegt sein. Einerseits kann das *Modell* für sein Verhalten positiv verstärkt oder bestraft werden (= stellvertretende Verstärkung bzw. stellvertretende Bestrafung). Diese Konsequenzen, die das Modell stellvertretend für den Lernenden (Beobachter) erfährt, steigern die Imitationsrate oder hemmen die Äußerung des Modellverhaltens durch den Beobachter.

Ein Lehrer möchte zum Beispiel das laute Ausrufen von Antworten, ohne sich zu melden, reduzieren. Er kann neben der Ignorierung der laut ausrufenden Schüler diejenigen loben, die sich melden und warten, bis sie aufgerufen werden. Laut ausrufende Schüler, deren Antworten nicht beachtet werden, beobachten das erwünschte Verhalten und die positiven Konsequenzen und können dadurch veranlaßt werden, dieses Verhalten nachzuahmen. Andererseits werden diese Schüler dann für das Nachahmen durch das Aufrufen oder durch ein explizites Lob verstärkt, d. h. es erfolgt eine Verstärkung für das Nachahmen des Modells. Als verstärkende Reize kommen sämtliche im operanten Konditionieren behandelten Stimuli in Frage, auch die Rückmeldung (Information über Lernleistung).

Diese Ausführungen treffen natürlich auch für das Modellernen zur Unterlassung von unerwünschtem Verhalten zu. Eine Person kann für die Nachahmung eines unerwünschten Verhaltens bestraft werden, oder sie kann beobachten (zum Beispiel häufig im Unterricht), daß ein Modell für sein Verhalten aversive Konsequenzen erfährt. Selbstverständlich sind die zur Strafe gemachten Empfehlungen und Vorbehalte auch hier zu beachten (siehe vor allem den Hinweis auf die unerwünschten Nebenwirkungen bei Strafe, daß nämlich das strafende Verhalten nachgeahmt wird). Vogl berichtet von mehreren Untersuchungen, daß ein Modellverhalten auch erworben wird, wenn weder Modell noch Beobachter während des Lernvorganges verstärkt wurden. Die affektiven Beziehungen des Modells zum Beobachter (Lernenden) haben sich als wichtiger erwiesen als die Belohnung des Modells beim stellvertretenden Lernen. Dies weist darauf hin, daß Eigenschaften des Modells für den Lernprozeß bedeutsam sind. Ein freundliches Modell wird eher nachgeahmt als ein Modell, das sich dem Lernenden nicht zuwendet, das sich neutral verhält. Widersprüchliche Ergebnisse werden über die Wirkung des Geschlechts des Modells oder des Beobachters auf das Lernergebnis berichtet. Wie oben schon angemerkt, scheint es wenig Bedeutung zu haben, ob das Modell in natura, im Film oder in einer anderen symbolischen Form agiert. Für die Schule dürfte wichtig und nicht unproblematisch sein, daß nach den berichteten Untersuchungen „Individuen mit geringem Selbstvertrauen . . . zur Nachahmung erfolgreicher Modelle (neigen)" und „abhängige Kinder . . . eher (imitieren) als selbständige" (Vogl 1974, 98).

Selbstkontrollaufgaben – Wiederholung

166. / 167. Man spricht von Lernen am Modell, wenn eine Person das Verhalten einer anderen Person _____ und _____.
168. Die Verstärkung des Modells wird auch _____ Verstärkung genannt, da der Beobachtende die Verstärkung nicht direkt erfährt.
169. / 170. Die Darbietung eines Modells kann zunächst als ein _____ aufgefaßt werden, der eine dritte Person zur _____ veranlassen soll.
171. / 172. Neben der realen Modelldarbietung kann ein Modell auch als _____ oder in _____ Form dargeboten werden.
173. Modellernen ist ein komplexer Prozeß und in mindestens vier _____ aufzugliedern.

Übungen

1. Im Modellernen wird von drei typischen Lern- oder Problemsituationen ausgegangen oder anders ausgedrückt, es sind drei typische Lernergebnisse festzustellen. Bitte kennzeichnen Sie diese und geben Sie den Begriff für den jeweils dabei ablaufenden Lernvorgang an.
2. Bitte nennen Sie die vier Teilprozesse oder Komponenten des Modellernens.
3. Wie kann man den Prozeß des Behaltens oder Speicherns begünstigen?
4. Nennen Sie bitte einige Merkmale, die den Aufforderungscharakter eines Modells beeinflussen.
5. Bitte nennen Sie einige Gelegenheiten im Unterricht / mit Kindern zu Hause, wo Lern- oder Verhaltensprozesse über das Modellernen zu beobachten sind.
6. Ein Lehrer verstärkt einen Schüler für seine Mitarbeit positiv. Welchen zweifachen Effekt aufgrund von Lernen am Modell könnte dies ergeben? Wer könnte davon lernen?

Lösungsvorschläge

Selbstkontrollfragen – Wiederholung

166. / 167. beobachtet, nachahmt
168. stellvertretende
169. / 170. diskriminativer Reiz, Nachahmung

171. / 172. Film, symbolischer
173. Teilprozesse

Übungen

1. Eine Verhaltensweise fehlt völlig im Verhaltensrepertoire, eine Verhaltensweise, die beherrscht wird, wird zu selten oder zu häufig gezeigt, eine Verhaltensweise braucht nur noch angeregt zu werden.
Lernvorgänge: modeling effect (Effekt des Modellernens), Hemmung – Enthemmung, Reaktionserleichgerung.
2. Siehe oben Kapitel 2.4.3.1
3. Häufige, verteilte Modelldarbietung, symbolische Verschlüsselung, unterschiedliche Beschäftigungen.
4. Sozialer Status, Fähigkeiten, Aussehen, Alter, Geschlecht, sein Verhalten.
5. Lehrer oder Mitschüler macht Turnübung vor, spricht Gedicht vor, spricht im Fremdsprachenunterricht die Aussprache eines Wortes vor, Kind imitiert Eltern bei der Hausarbeit, Kind versorgt Puppe, wie die/der Mutter/Vater kleinere Geschwister versorgt. Kind ahmt Sprechen der Eltern nach.
6. Ein Effekt könnte darin bestehen, daß andere Mitschüler die Verstärkung des Mitarbeitsverhaltens beobachten und daraufhin auch häufiger versuchen mitzuarbeiten. Ein zweiter, langfristiger Effekt könnte sein, daß die Schüler das verstärkende Verhalten des Lehrers im Umgang mit dem Lehrer und Mitschülern nachahmen. Dieser Effekt konnte in empirischen Untersuchungen nachgewiesen werden. Außerdem berichtete eine Lehrerin, die mit dem vorliegenden Kurs trainiert hatte, daß sie dieses gegenseitige Verstärkungsverhalten ihrer Schüler deutlich beobachten konnte. Sie selbst wurde von den Schülern ebenfalls verstärkt.

Weitere Übungsaufgaben befinden sich in Teil II, Anhang 9.

Anhang

1. Lehrerverhaltensweisen im Unterricht

Diese Liste von Lehreraktivitäten soll zeigen, wie vielfältig das Verhaltensrepertoire eines Lehrer sein kann und wie groß gleichzeitig die Anforderungen an ihn sind, wenn er diese Verhaltensweisen – je nach Situation – optimal einsetzen will.
Die Liste gibt auch Einblick in die vielfältigen Möglichkeiten, wie ein Lehrer Verhaltensanforderungen nicht genügen kann, weil er Verhaltensweisen evtl. zu häufig, zu selten, zu intensiv, zu schwach, an der falschen Stelle oder zur falschen Zeit äußert.

L. trägt einen Text, ein Gedicht vor / spricht ohne Vorlage / erklärt inhaltlichen Zusammenhang, fragt bei Schülerantwort nach / zeigt etwas an einem Gegenstand und spricht dazu, spricht fremdsprachige Worte vor,
stellt unterschiedlich formulierte Fragen (offen, geschlossen), schreibt an die Tafel, gibt Lernhilfe, zeigt Dias etc.
reagiert auf Schülerfrage, -antwort, -vorschlag, Schülerbitte, -widerspruch, -kritik, indem er

nachfragt	den Schüler aus dem Unterricht weist
lobt	auf Vorschläge etc. nicht eingeht
ermuntert	den Kopf schüttelt, nickt
betont	den Beitrag weiterverwendet
tröstet	den Beitrag wiederholt
Beifall klatscht	das Verhalten beispielhaft nennt
an die Tafel schreibt	zynische Bemerkungen macht
tadelt	ermahnt
schimpft	lacht, lächelt

reagiert auf unerwartete, außergewöhnliche Fragen oder Vorschläge der Schüler
diskutiert mit Schülern / leitet Diskussion, stellt Diskussionsregeln auf / übergibt einem Schüler Diskussionsleitung, hilft Schüler bei Diskussionsleitung / unterbricht Schüler beim Diskutieren / gibt

Anweisungen zum Unterrichtsverlauf / läßt keine Zeit zum Nachdenken oder Formulieren eines Satzes
wartet, damit die Schüler nachdenken können / nennt Lernziele, Unterrichtsvorgehen
teilt Arbeitsmaterial aus / baut Geräte und Versuchsanordnungen auf
läßt sich dabei von Schülern helfen
beginnt den Unterricht immer auf die gleiche Weise / beginnt den Unterricht abwechslungsreich
läßt Schüler ein Unterrichtsthema suchen
gibt Hausaufgaben mit Erläuterungen im letzten Augenblick der Stunde
bespricht Hausaufgaben / kontrolliert Hausaufgaben / kündigt Klassenarbeiten (nicht) an / korrigiert Klassenarbeiten sofort oder erst viel später
überwacht das Schreiben der Klassenarbeiten / nimmt immer die gleichen Schüler dran
geht gelegentlich durch die Klasse, geht auf Schüler zu / klopft ihnen auf die Schulter
gestikuliert beim Sprechen als Betonung zu Schüleräußerungen
äußert Erwartungen über Schülerverhalten
erarbeitet mit den Schülern Verhaltensregeln und Konsequenzen für deren Einhaltung bzw. Verletzung
begründet sein Verhalten, verteidigt, streitet ab
gibt Fehler, Wissenslücke, Irrtum zu / organisiert Einzel-, Partner-, Gruppenarbeit
erinnert Schüler an Versprechen / gibt Versprechen / reagiert auf unaufmerksame, laute, lachende, schwatzende, pfeifende Schüler
spricht Schüler nach der Stunde wegen Störung an / gibt Strafarbeit
kündigt ‚Brief' an Eltern an / überschreitet die Unterrichtszeit
kommt zu spät, zu früh, rechtzeitig zum Unterricht / fragt hartnäckig nach einem bestimmten Begriff

2. Schülerverhaltensweisen im Unterricht

Diese Zusammenstellung enthält vor allem im ersten Teil Verhaltensweisen, die häufig als unerwünscht bzw. von bestimmten, je nach Situation (S^D) geltenden Normen abweichend gelten dürften. Es ist außerordentlich wichtig hervorzuheben, daß diese Verhaltensweisen nicht zu allen Zeiten, in jeder Situation des Unterrichts und nicht im Urteil aller Lehrer und Schüler als abweichend zu gelten haben. Ob ein Verhalten als abweichend / nicht abweichend anzusehen ist, hängt von den zu einer

Zeit und in einer bestimmten Situation geltenden Verhaltensnormen ab. Dennoch dürften die anfangs aufgeführten Verhaltensweisen häufig als abweichend gelten (siehe auch Anhang 14).

S. unterhält sich / schwätzt mit Nachbarn
schimpft, spottet, lacht über Mitschüler, Lehrer oder Unterricht,
sagt vor (Prüfsituation), schreibt ab (Prüfsituation)
stößt absichtlich Laute aus (singt, pfeift, gähnt, niest)
ruft unaufgefordert Vorschlag, Frage, Bitte laut in die Klasse
protestiert in aggressiver Form gegen den Lehrer (schreien, Vogel zeigen, widersprechen)
redet beim Arbeiten laut vor sich hin / spricht zu lange, zu ausführlich
unterbricht Lehrer oder Mitschüler beim Lesen, Sprechen usw.
spricht unverständlich (zu leise, im Dialekt, schlecht artikuliert, er nuschelt)
beteiligt sich nicht aus eigenem Antrieb am Unterricht
ignoriert demonstrativ Anordnungen des Lehrers, indem er nicht antwortet, schreibt . . .
rückt, schaukelt mit dem Stuhl, der Bank
setzt sich, stellt sich auf die Bank den Stuhl, die Stuhllehne usw.
macht beim Aufstehen oder Hinsetzen Lärm
geht ruhig durch die Klasse (mit und ohne Kontaktaufnahme)
beschäftigt sich an Tafel, Fenster etc. / verläßt eigenmächtig den Unterricht
behindert Mitschüler beim Hinausgehen durch Drängeln und Schubsen
stampft auf den Boden, schlägt mit der Hand oder dem Fuß an die Bank, den Stuhl etc.
macht mit Gegenständen Lärm: Buch, Lineal, Papier, Fenster, Tür
ißt, trinkt während des Unterrichts, kaut Kaugummi
schreibt an die Tafel, schreibt ins Heft, macht im Buch Unterstreichungen
rechnet eine Rechenaufgabe nach / übersetzt einen Fremdsprachentext
wischt die Tafel sauber
liest vor: Hausaufgaben, Gedicht, Aufgabenstellung, eigenen Lösungsvorschlag
stellt überraschende Frage
macht Gegenvorschlag zu einem Lösungsweg / stellt eine Behauptung auf
faßt einige Argumente zusammen / analysiert einen Text
hört dem Lehrer, einem Mitschüler zu
fragt Lehrer nach Begründung für Anordnung, Tadel, Frage, Behauptung

S. erzählt als Beispiel ein eigenes Erlebnis / nennt als Argument eine allgemeine Regel
fragt nach Präzisierung der Aufgabenstellung / variiert eine Aufgabenstellung
verspricht sich / hilft einem Mitschüler
zeichnet eine geometrische Figur / erläutert die Figur
vergleicht zwei Gegenstände, Gedichte etc.
beurteilt einen Lösungsvorschlag / verbessert seinen Lösungsvorschlag
nennt für andere Lösungen Verbesserungen
zittert beim Gedichtvortragen / wird rot, weil er steckenbleibt
macht beschämtes Gesicht / zeigt freudige Miene / weint
gestikuliert beim Sprechen / schüttelt den Kopf, nickt
gibt Ein-Wort-Antworten / antwortet mit zusammenhängenden Sätzen
erzählt einen Witz / öffnet ein Fenster
berichtet von der SMV-Sitzung / leitet Diskussion / erzählt ein Erlebnis

3. Beispiele für Antwortverhalten (respondentes Verhalten)

Freude an einem Unterrichtsfach / Freude am Ärgern des Lehrers
Freude an bestimmten Tätigkeiten im Unterricht (zum Beispiel Sportarten, Gedichte vortragen, Informationen besorgen)
Interesse an bestimmten inhaltlichen Zusammenhängen eines Faches
Vorliebe für eine(n) Lehrer(in), Mitschüler(in)
Hemmungen (Angst), Kontakt aufzunehmen
Angst vor bestimmten Tätigkeiten im Unterricht
Angst vor Klassenarbeiten, Prüfungen, Wörter abhören
Angst zu versagen / Angst vor Lehrern, Schülern / Abneigung vor Lehrern, Schülern
Angst, sich zu blamieren (mangelndes Selbstbewußtsein)
Erröten beim Sprechen etc.
Zittern beim Anschreiben an die Tafel etc.
Schwitzen beim Vortragen etc.
Schreibkrampf (Verkrampfung der Muskulatur)
Brechreiz, Urindrang vor Prüfungen etc.
Enttäuschung nach Klassenarbeiten
Freude nach geglückter Lehrprobe
Freude nach Zustimmung (Verstärkung) des Mentors
Trockener Mund beim Sprechen in der ersten Lehrprobe
Zitternde Hand beim Tafelanschrieb

‚Weiche Knie' beim Dienstantritt
Angst vor Schülern, vor der Klasse
Angst vor dem Schulleiter, Mentor
Angst des Lehrers vor Eltern beim Elternsprechtag
Enttäuschung, Zorn über Eltern, die nicht zum Sprechtag kommen
Freude des Lehrers, wenn Eltern ihm von der Schulbegeisterung ihres Kindes erzählen

4. Positive Reize für Schüler

Von den folgenden Reizen kann man annehmen, daß ihre Darbietung häufig positiv wirkt. Die Einteilung wurde hier nach den Ausführungen in Teil I, Kapitel 2.3.5 vorgenommen.

Soziale positive Reize (Definition siehe Kapitel 2.3.1 und 2.3.5, Teil I)

Verbale Reaktionen

Gut	Ausgezeichnet	Prima	in Ordnung
Richtig	Genau	Wunderbar	Mh
Ja	Danke	Natürlich	

So ist es recht, Mark!   Du wirst immer besser.
Das hast Du gut gemacht.   Deine Vorschläge brauchen wir.
So ist das sehr praktisch.   So hätte ich das auch versucht.
Gut, jetzt können wir fortfahren.   Zeig Dein Bild der ganzen Klasse.

Heute wart Ihr sehr aufmerksam, ruhig, fleißig, einfallsreich, ausdauernd.
Gerd hat uns einen guten Lösungsweg gezeigt.
Sehr gut, jetzt hast Du's auch fertiggebracht.
Du hast den Unterschied klar herausgestellt.
Sehr gut, darauf werden wir später noch häufig eingehen.
Hans, Du kannst das schon, zeige es noch den anderen.
Erinnerst Du Dich, neulich hast Du das noch nicht gekonnt, jetzt klappt es schon fast.
Das ist ein guter Ausdruck, der weist auch auf den Zusammenhang mit y hin.
Da merkt man, daß Ihr gründlich darüber nachgedacht habt.
Ihr habt neulich so gut zusammengearbeitet.
Mir hat vor allem gefallen, daß Ihr mit der Kritik auch gleich Verbesserungsvorschläge verbunden habt.
Das war ein wichtiger Einwand, den wir noch gut überlegen sollten.

Das ist ja ein ganz neuer Hinweis, auf den bin ich nicht gekommen.
Jetzt bist Du schon 30 Minuten still gesessen.

Gesichtsausdruck

Lächeln, freundlich anschauen, nicken, lachen, interessiert zuschauen, Augen weit öffnen

Gestik	*Nähe*
Den Finger heben	unter die Schüler gehen
Beifall klatschen	Sich in eine Gruppe setzen
Handzeichen zum Weitermachen	Auf jemanden zugehen
	Auf jemanden zeigen

Körperlicher Kontakt

Auf Kopf, Schulter, Rücken klopfen
Die Hand geben

Verstärkende Aktivitäten

Einen Film ansehen	Ein Konzert besuchen
Vorlesen dürfen	In's Kino gehen
Etwas vor der Klasse zeigen	Gruppenleitung übernehmen
Aufräumen helfen	In der Klasse Spiele machen
Der Klasse etwas berichten	Hinsetzen, wo man will
Ein Fest vorbereiten und feiern	Eine Spielgruppe leiten
Schülern etwas erklären	Aus der Gruppenarbeit berichten
Vorausgehen dürfen	Bastelarbeiten ausstellen
Lieder singen	Ein Unterrichtsthema wählen
Die Münzvertärker verwalten	Einem Mitschüler bei etwas helfen
Unterrichtsbeobachtung durchführen	Tiere füttern, pflegen
	Die Diskussionsleitung übernehmen
Einen Ausflug machen	Eine Sportveranstaltung besuchen

Zu einer Besichtigung gehen (Museum, Wald, See, Zoo, Gemäldegalerie, Seehafen, Flughafen, Fabrik, Aussichtsturm)
An die Geburtstage der Mitschüler erinnern

Materielle Reize und symbolische Reize (Münzverstärker)

Materielle Reize

Spiele	Blumen	Adressbuch	Schallplatten
Puzzle	Bilder, Poster	Briefmarkenalbum	Musikkassetten
Bücher	Fotos		Fußball
Zirkel	Landkarte	Spielzeug	Süßigkeiten, Kuchen
Schreibzeug	Globus		
	Kalender		Getränke

Münzverstärker

Chips	Geld	Murmeln
Stäbchen	Spielgeld	Striche in eine Tabelle
Sterne	Spielmarken	Fleißzettel

5. Aversive Reize für Schüler

Die aversiven Reize, die der Lehrer den Schülern setzt, bestehen einerseits in Konsequenzen auf ihr Verhalten hin (S^-) anderseits in vorausgehenden Reihen (UCS oder CS und S^{D-}), die entweder unangenehme körperliche oder emotionale Reaktionen auslösen oder für bestimmtes Wirkverhalten aversive Konsequenzen ankündigen.
Bei den absichtlich gegebenen aversiven Konsequenzen sollte der Lehrer stets darauf achten, daß er sie mit folgenden Zusätzen versieht:
Beschreibungen des erwünschten, alternativen Verhaltens
Begründungen für die Abweichung des bestraften Verhaltens
Begründungen für die Erwünschtheit des alternativen Verhaltens
Folgende Zusätze, die häufig gemacht werden, sollte er dagegen weglassen:
Zynische und sarkastische Bemerkungen
erniedrigende und beleidigende Bemerkungen zur Person des Schülers
Schimpfnamen (Schlafmütze, Idiot) usw.

6. Positive Reize für den Lehrer

Positive Reize kann der Lehrer aus den verschiedensten Quellen erhalten:
Schüler, Schulleitung, Eltern, Bekannte, über Medien (Presse), berufliche Tätigkeit selbst, Selbstverstärkung.
In Anhang 1 und 2 wurde eine große Zahl von Lehrer- und Schülerverhaltensweisen aufgelistet, unter denen viele sind, die den Lehrer verstärken, wenn er sie ausführt oder wenn Schüler sie äußern.
Für den Lehrer könnten verstärkend wirken:
Zuweisung eines hohen gesellschaftlichen Status
Gehaltserhöhung, Beförderung, Ferien
Anbietung oder Wahl zu bestimmten Ämtern (zum Beispiel Vertrauenslehrer)
positive Notizen in der Presse
Anerkennung, Respekt, Dank von Eltern, Schülern
Anerkennung durch die Schulleitung oder von Kollegen
Selbstverständlich kann sich ein Lehrer im Rahmen der Selbstkontrolle eigene Verstärkungen verschaffen: Spaziergang, Kino, ein Bier, Gäste

einladen nach dem Korrigieren einer Klassenarbeit, nach der Unterrichtsvorbereitung, nach dem Unterricht.

7. Aversive Reize für Lehrer

Für den einen Lehrer können viele, für den anderen wenige der in Anhang 2 enthaltenen Schülerverhaltensweisen aversive Reize sein.
Sieht sich ein Lehrer zu bestimmten aversiven Kontrollmaßnahmen gezwungen, können diese auch auf ihn selbst aversiv wirken, da sie seiner Vorstellung von einer idealen Lehrstrategie widersprechen.
Weiterhin können natürlich auch bestimmte berufliche Tätigkeiten und Bedingungen seiner Berufsausübung (Erfahrung, ungenügende Ausbildung, mangelhafte Ausstattung mit Arbeitsmaterial, Tests, Räume, mangelnde Kooperationsmöglichkeiten, -bereitschaft, zu große Klassen) und schulpolitische Entscheidungen aversiven Charakter haben. Dazu gehören evtl. Kritik von Kollegen, vom Schulleiter, von Eltern, in der Presse etc.

Glossar

Dem Glossar liegen folgende Literaturquellen zugrunde, die aus Gründen der Übersichtlichkeit allerdings nicht im Einzelfall angeführt werden:
Kraiker, Ch. (Hrsg.): Handbuch der Verhaltenstherapie, München 1974
Kuhlen, V.: Verhaltenstherapie im Kindesalter, 2. Aufl. München 1973
MacMillan, D. L.: Verhaltensmodifikation, München 1975
Sulzer, B., Mayer, G. R.: Behavior modification procedures for school personnel, Hinsdale, Ill. 1972

Aktivitätsverstärker: Tätigkeiten, die eine Person als positiv verstärkend erlebt, werden als positive Verhaltenskonsequenzen − positive Reize − angeboten

Antwortverhalten / Respondentes Verhalten: Verhaltensklasse, die dem klassischen Konditionieren zugrunde liegt. Antwortverhalten wird durch einen UCS oder CS *ausgelöst*, tritt also sicher − als Antwort − dann auf, wenn ein UCS oder CS aufgetreten ist. Die beiden wichtigsten Klassen des Antwortverhaltens sind Reflexe und emotionale Reaktionen (siehe Unkonditionierter, Konditionierter, Auslösender Reiz).

Auslösender Reiz: Tritt ein Reiz auf und folgt darauf eine bestimmte Verhaltensweise mit absoluter Sicherheit, dann spricht man von einem Auslösenden Reiz (siehe UCS, CS, Antwortverhalten).

Aversiver, Negativer Reiz, Stimulus: Ereignisse, Verhalten, Gegenstände, die eine Person zu vermeiden, fliehen, beseitigen sucht. Ein Reiz wird dann als negativ oder aversiv bezeichnet, wenn das Verhalten, das ihn vermeidet oder beseitigt, häufiger gezeigt wird.

Beobachtungslernen: Siehe Lernen am Modell.

Bestrafung: (Siehe Darbietung aversiver Reize, Kontingenter Verstärkerentzug, Response-Cost, Sozialer Ausschluß). Wird hier wegen des allgemeinen Sprachgebrauchs aufgeführt, ist aber ein unpräziser, mit Emotionen behafteter Begriff. Stattdessen wird vorgeschlagen, die konkrete Form der *aversiven* Kontrollmaßnahmen zu nennen. Siehe die oben genannten Begriffe.

Bestrafungsplan: (Siehe Verstärkungsplan). Folge, mit der in planmäßiger oder in zufälliger Weise auf Verhaltensweisen aversive Reize folgen oder positive Reize kontingent entzogen werden.

Deprivation: Eine Person entbehrt etwas, hat Mangel an einem Stimulus, sie ist depriviert.

Desensibilisierung: Die (systematische) Desensibilisierung ist ein Verfahren zur Reduzierung überschüssiger emotionaler Reaktionen, vor allem von Ängsten. Ein unangenehme Reaktionen auslösender Reiz und ein angenehme Reaktionen auslösender Reiz werden miteinander gekoppelt, wobei der aversive Reiz sukzessive in stärkerer Form eingeführt wird.

Differentielle Verstärkung: Verstärkungsmethode, bei der eine Reaktion in Gegenwart eines bestimmten Reizes verstärkt wird, bei Fehlen dieses Reizes, d. h. in Gegenwart anderer Reize dagegen nicht verstärkt wird (siehe Diskriminativer Reiz, Reizkontrolle). Eine weitere Form der differentiellen Verstärkung besteht darin, eine bestimmte Ausprägung einer Verhaltensweise zu verstärken, eine andere dagegen nicht (siehe Verhaltensformung, Shaping).

Diskrimination: Siehe Reizdiskrimination, Verhaltensformung.

Diskriminativer Reiz / Signalreiz: Diskriminative Reize gehen einem Wirkverhalten *voraus*. Sie zeigen an, ob und welche Konsequenzen bei einer bestimmten Reaktion zu erwarten sind. Sie werden durch Differentielle Verstärkung herausgebildet (siehe dort).

Extinktion: Siehe Löschung

Fluchtverhalten: (Siehe auch Vermeidungsverhalten): Verhaltensweisen, mit denen eine Person versucht, einen bereits vorhandenen unangenehmen Reiz (Situation) zu beseitigen, zu beenden, vor ihm zu fliehen (siehe Negative Verstärkung).

Generalisierter Verstärker: Generalisierte Verstärker wirken auf mehrere oder viele Verhaltensweisen verstärkend, haben also eine generelle, allgemeine Wirkung.

Generalisierung: Siehe Reaktionsgeneralisierung und Reiz-(Stimulus-)generalisierung.

Imitation: Siehe Lernen am Modell.

Immerverstärkung / Kontinuierliche Verstärkung: Verstärkungsbedingung, bei der *jede* Verhaltensäußerung verstärkt wird. Man sagt, das Verhalten steht unter einem Immerverstärkungsplan (Siehe Intermittierende Verstärkung, Intervallverstärkung, Quotenverstärkung, Verstärkungsplan, Bestrafungsplan).

Intermittierende Verstärkung: Besondere Folge von Verstärkungen, bei der nicht auf jede Verhaltensäußerung, sondern nur *gelegentlich* eine Konsequenz folgt (siehe Immer-, Intervall-, Quotenverstärkung, Verstärkungs-, Bestrafungsplan).

Intervallverstärkung: Besondere Form der gelegentlichen, d. h. Intermittierenden Verstärkung, bei der die erste Verhaltensäußerung, die *nach* einem festen oder variablen Zeitintervall auftritt, verstärkt wird. Man spricht daher auch von fixer oder variabler Intervallverstärkung. Dieser Verstärkungsvariante steht die Quotenverstärkung gegenüber (siehe Immerverstärkung, Intermittierende Verstärkung, Verstärkungs-, Bestrafungsplan).

Klassische Konditionierung: Die klassische Konditionierung besteht in der Paarung eines auslösenden Reizes (UCS oder bereits früher konditionierter Reiz CS) mit einem zur Zeit in bezug auf eine Verhaltensweise noch neutralen Reiz, der allmählich die auslösende Kraft übernimmt und dann alleine in der Lage ist, die Verhaltensweise auszulösen (siehe Operante Konditionierung).

Konditionierte Reaktion (CR): Verhaltensweise, die durch einen konditionierten Reiz (CS) ausgelöst wird. Die CR ist einer durch einen Unkonditionierten Reiz ausgelösten Reaktion (UCS) meist bis auf Nuancen gleich (siehe Unkonditionierte Reaktion, Konditionierter Reiz, Unkonditionierter Reiz, Neutraler Reiz).

Konditionierter Reiz / Stimulus: Auslösender Reiz, der zuvor in bezug auf die ausgelöste Reaktion ein neutraler Reiz war und *erst* durch die Paarung mit einem bereits auslösenden Reiz (UCS / CS) die auslösende Kraft erworben hat (siehe Unkonditionierter Reiz, Neutraler Reiz, Konditionierte Reaktion, Unkonditionierte Reaktion).

Konditionierter Verstärker / Sekundärer Verstärker: Eine Verhaltenskonsequenz, die im Gegensatz zum Primären Verstärker die verstärkende Kraft erst durch einen Konditionierungs-, d. h. Lernprozeß erworben hat (siehe Primärer Verstärker).

Konditionierung: Man unterscheidet die klassische Konditionierung und die operante Konditionierung (siehe dort).

Kontingenter Entzug: Verfahren der Verhaltensmodifikation, bei dem zum Abbau einer Verhaltensweise eine neue Kontingenz aufgebaut wird: Wenn das abweichende Verhalten auftritt, dann wird ein bestimmter verstärkender Reiz vorenthalten, entzogen oder die das betreffende Verhalten äußernde Person wird aus einer verstärkenden Umgebung vorübergehend herausgenommen. Diese verstärkenden Reize brauchen mit dem unerwünschten Verhalten zuvor in keiner Beziehung (Kontingenz) gestanden zu haben (siehe Sozialer Ausschluß und Response-Cost).

Kontingenz: Eine Beziehung zwischen Reaktionen und Reizen, in der die Bedingungen, unter denen einem gewissen Verhalten bestimmte Konsequenzen folgen, aufgegliedert sind. Die Kontingenz wird als Wenn-Dann-Beziehung ausgedrückt. Die wichtigsten Bedingungen stellen die diskriminativen und die verstärkenden Reize sowie die Verstärkungspläne dar. Die Kontingenz ist die grundlegende, gedankliche Einheit verhaltenstheoretischer und verhaltensändernder Überlegungen bzw. Maßnahmen (siehe Verstärkungsplan).

Kontinuierliche Verstärkung: Siehe Immerverstärkung

Kontrolle: Unter Kontrolle im Sinne der Verhaltensmodifikation versteht man die Beeinflussung von Reizen bzw. lernrelevanten Bedingungen, d. h. zum Beispiel der vorausgehenden und nachfolgenden Reize, Verstärkungs- und Bestrafungspläne.

Lernen: Bezeichnet einen nur indirekt zugänglichen, d. h. einen erschließbaren Vorgang. Zeigt eine Person zum Zeitpunkt t_2 ein anderes Verhalten als zum Zeitpunkt t_1, dann schließt man daraus, daß die zwischen diesen Zeitpunkt erfolgte Änderung des Verhaltens auf einem Lernvorgang beruht. Lernen wird als relativ dauerhafte Verhaltensänderung aufgefaßt.

Lernen am Modell: Lernvorgang, bei dem eine Person beobachtet, wie ein reales oder symbolisches Modell ein Verhalten zeigt und welche Konsequenzen es erfährt, um dieses Verhalten danach zu imitieren.

Löschung / Extinktion: Lerntheoretischer Vorgang und verhaltensändernde Maßnahme. Die Löschung nach dem klassischen Konditionieren erfolgt dadurch, daß der konditionierte — ehemals neutrale — Reiz *ohne* den unkonditionierten Reiz mehrfach auftritt und ohne den UCS die auslösende Kraft allmählich verliert. Die operante Löschung besteht darin, daß auf ein Wirkverhalten der bisher kontrollierende positive Reiz (Konsequenz) ausbleibt und die Häufigkeitsrate des Wirkverhaltens absinkt oder Null wird. Die verhaltensändernde Maßnahme besteht darin, ein abzubauendes Verhalten zu ignorieren.

Materieller Verstärker: Gegenständlicher Reiz, der verstärkende Wirkung hat, zum Beispiel Arbeitsmaterial, Spielzeug, Nahrungsmittel und als spezielle Form die symbolischen Verstärker Münzen, Spielmarken (siehe Münzsystem).

Modell-Lernen: Siehe Lernen am Modell

Münzsystem / Münzökonomie: In einem Münzsystem werden Münzverstärker unmittelbar als stellvertretende Verstärker eingesetzt, die später in einem bestimmten, vorher festzusetzenden Verhältnis gegen tatsächliche Verstärker eingetauscht werden. Damit können umfangreiche Verstärker beim Umtausch eingesetzt werden, während gleichzeitig nicht auf die Verstärkung kleinster Lernschritte verzichtet werden muß.

Münzverstärker / token: Besondere Form der materiellen Verstärker. Sie dienen symbolisch für eintauschbare Verstärker, haben also keinen eigenen verstärkenden Wert. Beispiele: Münzen, Spielgeld, Spielmarken, Fleißzettel, Striche.

Negative Verstärkung: Unter der Negativen Verstärkung wird die Verstärkung des Verhaltens verstanden, das einen aversiven Reiz oder Zustand beseitigt, beendet oder von vornherein meidet. Der Effekt der Negativen Verstärkung besteht in der Erhöhung der Häufigkeitsrate des sogenannten Flucht- oder Vermeidungsverhaltens.

Neutraler Reiz: Ein Reiz wird in bezug auf eine bestimmte Verhaltensweise als neutral bezeichnet, wenn er diese Verhaltensweise erst nach einem Konditionierungs-, d. h. Lernprozeß auszulösen vermag (siehe Konditionierter Reiz, Unkonditionierter Reiz).

Offenes Verhalten: Verhaltensweisen, die für eine dritte Person direkt wahrnehmbar sind oder durch besondere Maßnahmen beobachtbar gemacht werden können. Davon ist das Verdeckte Verhalten zu unterscheiden, obwohl eine eindeutige Abgrenzung dieser beiden Verhaltensklassen unmöglich sein dürfte.

Operante Konditionierung: Die unmittelbare Darbietung von positiven oder negativen Verhaltenskonsequenzen auf die Äußerung von bestimmten Wirkverhalten. Dadurch erfolgt die Entwicklung von Kontingenzen. Die Auswirkung der Darbietung der Verhaltenskonsequenzen besteht in der Erhöhung oder Senkung der Häufigkeitsrate des betreffenden Verhaltens (siehe Klassische Konditionierung).

Operantes Verhalten: Siehe Wirkverhalten.

Phobie: Stark ausgeprägte, unkontrollierbare Furcht vor Situationen, Vorgängen und Gegenständen (zum Beispiel Schulphobie, Tierphobie).

Primärer Verstärker: Verstärkender Reiz, der seine verstärkende Kraft von Natur her besitzt, also nicht aufgrund eines Lernprozesses (siehe Konditionierter Verstärker).

Quotenverstärkung: Besondere Form der gelegentlichen, d. h. Intermittierenden Verstärkung, bei der eine Verstärkung dann gegeben wird, wenn eine Person eine bestimmte (fixe oder variable) *Anzahl* von Verhaltensäußerungen gezeigt hat. Man unterscheidet also die fixe oder variable Quotenverstärkung. Das Pendant zur Quotenverstärkung ist die Intervallverstärkung (siehe Immer-, Intermittierende Verstärkung, Verstärkungs-, Bestrafungsplan).

Reaktion: Damit sind – streng genommen – alle Verhaltensäußerungen gemeint, die aufgrund auslösender bzw. diskriminativer Reize, d. h. vorausgehender Reize auftreten. Die Frage, ob es überhaupt sinnvoll oder berechtigt ist, sogenanntes autonomes Verhalten (Aktionen) von Reaktionen abzugrenzen, ist je nach theoretischem Ausgangspunkt offen. Nach dem verhaltenstheoretischem Standpunkt ist jedes Verhalten langfristig als *bedingtes* Verhalten zu betrachten, unbeschadet des sinnvollen und erstrebenswerten Lernziels: Verhalten autonom, d. h. zumindest ohne permanente und aktuelle Beeinflussung von außen zeigen können.

Reaktionsdifferenzierung: Änderung des Verhaltensniveaus, indem der Bereich von Reaktionen, die auf einen bestimmten Reiz hin gezeigt werden, eingeengt wird. Bei der Reaktionsdifferenzierung sind (nach dem leider nicht einheitlichen) Sprachgebrauch bereits Ansätze des Zielverhaltens vorhanden. Die Differenzierung besteht darin, diese Verhaltensansätze weiterzuentwickeln und auf das Zielverhalten hin zu verfeinern (siehe Verhaltensformung / Shaping).

Reaktionsgeneralisierung: Ausweitung der Klasse von Verhaltensweisen, die auf einen Reiz oder eine Reizkombination hin geäußert werden (siehe Reaktionsdifferenzierung, Verhaltensformung / Shaping, Reizgeneralisierung, Reisdiskrimination).

Reinforcement: Siehe Verstärkung

Reiz / Stimulus: Bezeichnung für jedes von außen kommende oder interne Ereignis, das Verhalten einer Person selbst eingeschlossen. Reize sind zum Beispiel Merkmale von Gegenständen oder ein gesamter Gegenstand, das Verhalten anderer Personen und Merkmale dieser Personen.

Reizdiskrimination: Einengung des Bereichs von Reizen (S^D), auf den hin eine Verhaltensweise gezeigt wird. Ist eine Reizdiskrimination erreicht, dann ist die Klasse der diskriminativen Reize in bezug auf eine bestimmte Verhaltensweise enger als zuvor (siehe Reaktionsdifferenzierung, Reaktions-, Reizgeneralisierung, Differentielle Verstärkung).

Reizgeneralisierung: Bei der Reizgeneralisierung besteht die Änderung des Verhaltens in der Ausweitung der Reize (S^D), auf die hin eine Verhaltensweise gezeigt wird (siehe Reizdiskrimination, Stimuluskontrolle, Reaktionsgeneralisierung, Reaktionsdifferenzierung, Verhaltensformung).

Respondentes Verhalten: Siehe Antwortverhalten

Response-cost: Form des Kontingenten Verstärkerentzugs. Einer Person wird jedesmal, wenn sie eine gewisse Verhaltensweise äußert, eine bestimmte Anzahl von Verstärkern (vor allem von Münzverstärkern) zurückverlangt oder vorenthalten (siehe Kontigenter Entzug, Sozialer Ausschluß).

Sekundärer Verstärker: Siehe Konditionierter Verstärker

Shaping: Siehe Verhaltensformung

Signalreiz: Siehe diskriminativer Reiz

Sozialer Ausschluß: Form des Kontingenten Verstärkerentzugs. Eine Person wird jedesmal, wenn sie eine bestimmte Verhaltensweise zeigt, aus einer Verstärkung bietenden Umgebung herausgenommen und vorübergehend in eine deprivierende Umgebung gebracht. Die amerikanische Bezeichnung, die gelegentlich auch in der deutschen Literatur gebraucht wird, lautet Time-out.

Stimulus: Siehe Reiz

Stimulusgeneralisierung: Siehe Reizgeneralisierung

Stimuluskontrolle: Unter der Stimuluskontrolle versteht man die Beeinflussung von Verhaltensäußerungen durch die gezielte Verwendung von vorausgehenden Reizen. Man kann die präventiv angesetzte Stimuluskontrolle zur Vermeidung von Verhaltensäußerungen (1) von der Stimuluskontrolle zur Steuerung bereits vorhandener, erwünschter Verhaltensweisen (11) unterscheiden.

Strafe: Siehe Bestrafung

Time-Out: Siehe Sozialer Auschluß

token: Siehe Münzverstärker

token-economy: Siehe Münzsystem

Unkonditionierte Reaktion: Wird eine Verhaltensweise von einem Unkonditionierten Reiz (UCS) ausgelöst, nennt man diese Verhaltensweise eine Unkonditionierte Reaktion (UCR). Die UCR ist einer durch einen Konditionierten Reiz ausgelösten Reaktion (CR) meist bis auf Nuancen gleich (siehe Konditionierte Reaktion, Konditionierter und Unkonditionierter Reiz).

Unkonditionierter Reiz: Ein Reiz, der von Natur her oder ohne Lernprozeß eine Reaktion (UCS) auslösen kann (siehe Konditionierter, Neutraler Reiz, Konditionierte, Unkonditionierte Reaktion).

Verdecktes Verhalten: Verhaltensweisen, die nicht von außen beobachtet werden können, auf die man also schließen muß. Beispiel: Inneres Sprechen, Vorstellen, Denken (siehe Offenes Verhalten).

Verhalten: Jede ausgelöste oder geäußerte Aktivität einer Person, die beobachtbar oder erschließbar ist. Dementsprechend unterscheidet man zwischen Offenem und Verdecktem Verhalten (siehe dort).

Verhaltensformung / Shaping: Veränderung, d. h. Aufbau einer Verhaltensweise, die noch nicht im Verhaltensrepertoire einer Person vorhanden ist. Die Verhaltensformung verläuft nach dem Prinzip der sukzessiven Annäherung, indem Annäherungen von Verhaltensäußerungen auf das Zielverhalten zu positiv verstärkt werden und zunehmende Abweichungen gelöscht werden (siehe Reaktionsdifferenzierung, Differentielle Verstärkung).

Verhaltensmodifikation: Der Begriff hat mehrere Bedeutungen. Einmal wird darunter die aktuelle Veränderung einer einzelnen Verhaltensweise oder eines Verhaltensmusters verstanden. Zum anderen ist damit ein gesamtes Konzept zur Beeinflussung von menschlichem Verhalten gemeint. Dieses Konzept stellt eine umfassende Technologie zur gezielten Kontrolle des Verhaltens dar, die mit der Verhaltenstheorie in Einklang steht. Im schulischen Bereich ist die Verhaltensmodifikation als ein umfassendes Konzept zur Veränderung des gesamten schulischen Leistungs- und Sozialverhaltens aufzufassen. Dabei dreht es sich sowohl um die Weiterentwicklung dieser Verhaltensklasse als auch um die Korrektur abweichender Verhaltensweisen, zum Beispiel Verhaltensdefizite, Verhaltensüberschüsse (siehe Verhaltenstherapie).

Verhaltensrepertoire: Die Gesamtheit aller für einen Organismus verfügbaren und gelernten Verhaltensweisen (Antwort- und Wirkverhalten). Im allgemeinen wird aber der Begriff auf das vorhandene Wirkverhalten beschränkt.

Verhaltenstherapie: Verhaltenstherapie kann als Teildisziplin der Verhaltensmodifikation aufgefaßt werden, die sich mit der Modifikation von abweichendem, auffälligem Verhalten befaßt.

Vermeidungsverhalten: (Siehe Fluchtverhalten) Verhaltensweisen, mit denen eine Person versucht, einem drohenden aversiven Reiz (Situation) von vornherein aus dem Wege zu gehen, ihn zu meiden (siehe Negative Verstärkung).

Verstärker: Damit sind Reize gemeint, die als Konsequenzen auftreten und verstärkende Wirkung haben. Man unterscheidet positive und negative Verstärker, wobei der letzte Ausdruck irreführend ist; es ist sinnvoller, dabei von einem negativen oder aversiven Reiz zu sprechen. Eine weitere Einteilung wird getroffen zwischen unkonditionierten, d. h. primären Verstärkern und konditionierten, d. h. sekundären Verstärkern.

Verstärkung / Reinforcement: Man unterscheidet die Positive und die Negative Verstärkung. Die Wirkung beider Verstärkungsarten besteht in der Erhöhung der Verhaltensrate.

Verstärkungsgeschichte: Bezeichnung für die zurückliegende Erfahrung (zurückliegende Konditionierungen) aufgrund spezifischer Konsequenzen. Die Verstärkungsgeschichte dokumentiert sich zum Beispiel in einer bestimmten Präfenz für gewisse Verstärker.

Verstärkungsplan: Folge, mit der in planmäßiger oder in zufälliger Weise (in der natürlichen Umgebung) Verhaltensweisen verstärkt werden. Man unterscheidet Immerverstärkungs-, Intermittierende Verstärkungspläne, letztere werden in fixe und variable Quoten- bzw. Intervallpläne eingeteilt. Die Verstärkungspläne stellen eine der bedeutsamsten Bedingungen für das Verhalten dar und können in den sogenannten Kontingenzen wiedergegeben werden.

Wirkverhalten: Die Verhaltensklasse, die vor allem dem operanten Konditionieren unterliegt. Wirkverhalten oder operantes Verhalten wird vor allem durch die Reaktionen, d. h. Konsequenzen aus der Umwelt, auf die es einwirkt, kontrolliert.